"十四五"普通高等教育本科部委级规划教材

U0597456

程思 乔洪 陈杉 周雯 编著

产品研发与创新设计

PRODUCT DEVELOPMENT & INNOVATIVE DESIGN

时尚艺术设计系列教材

乔洪◎主编

中国纺织出版社有限公司

内 容 提 要

本书以产品研发与创新设计为主题，详细阐述了当代产品研发与创新设计的方法及流程，具体包括产品研发与创新设计概论、产品研发与创新设计的流程与规划、用户研究、产品规格、概念的生成与表达、产品架构与原型化、产品研发与创新设计项目管理和经济性分析以及设计案例赏析。

本书主要针对产品设计专业的教学需求，体现最新的课程教学改革成果，图文并茂、内容翔实、应用性强。本书所涉及的产品规格、经济分析等知识均采用最新国家标准，案例部分紧跟国际前沿设计潮流，形成体系完整、适用广泛、教学过程流畅的产品研发与创新设计专业教材。

本书是四川师范大学校级规划教材建设项目"基于创新视域下产品设计与开发研究"结项成果。

图书在版编目（CIP）数据

产品研发与创新设计 / 程思等编著. -- 北京：中国纺织出版社有限公司，2025. 10. --（"十四五"普通高等教育本科部委级规划教材）（时尚艺术设计系列教材 / 乔洪丛书主编）. -- ISBN 978-7-5229-2598-1

Ⅰ. F273.2；TB472

中国国家版本馆 CIP 数据核字第 20259ZP635 号

Chanpin Yanfa yu Chuangxin Sheji

责任编辑：李春奕　　责任校对：寇晨晨　　责任印制：王艳丽

中国纺织出版社有限公司出版发行

地址：北京市朝阳区百子湾东里 A407 号楼　邮政编码：100124

销售电话：010—67004422　传真：010—87155801

http://www.c-textilep.com

中国纺织出版社天猫旗舰店

官方微博 http://weibo.com/2119887771

北京通天印刷有限责任公司印刷　各地新华书店经销

2025 年 10 月第 1 版第 1 次印刷

开本：787×1092　1/16　印张：11.5

字数：240 千字　定价：88.00 元

前　言

　　随时代发展的浪潮，我国设计及与设计相关行业的规模不断扩大，当前无论是基于国家战略发展方向还是企业自身发展需求，设计的重要性都受到极大的关注，体现出了设计作为跨媒介载体在推动产业创新和文化传播领域的重要性，设计与人们生活方式、社会发展的紧密关联也得以彰显。设计界权威学者奈杰尔·克罗斯（Nigel Cross）曾经指出，从早期生产工具的创造到当代的机器化生产，人们在创造性的"设计"中不断地推动着物质文明的发展。柳冠中先生认为，设计艺术是最接近人类社会核心的东西，是"第一智慧"。当前，设计已经跳出对"物"的设计，同时存在于社会人类学和科学技术的范畴之内，是一门综合性的学科。

　　在新的时代背景下，由新的发展需求推动，设计的社会认知也达到了空前的高度。路甬祥院士提出将农耕时代的传统设计、工业化时代的现代设计、知识网络时代的创新设计分别以"设计1.0""设计2.0""设计3.0"来划分，并提出在第三次工业革命浪潮中，"创新设计"将引领以信息化和网络化为特征的可持续发展趋势。湖南大学季铁教授在2012年提出设计的转型，包括但不限于设计内容从产业需求转向社会需求，设计组织方式从知识平台转向组织设计，设计参与方式从专家设计转向参与式设计，设计价值也从差异转向关联与认同。

　　2021年11月，联合国教科文组织在《一起重新构想我们的未来：为教育打造新的社会契约》报告中，呼吁设计教育积极关注近年来社会发生的变化，包括但不限于全球化、气候挑战和数字革命等变化。可见设计教育的未来发展趋势是文化科技融合，坚定文化自信，面向世界科技前沿、国家重大需求、经济主战场、人民生命健康，服务"文化强国"，实现面向全球化的文化资源与数据的互联互通，以数字化、智能化设计推动文化形态的创新，以设计生态优化用户体验，促进业态融合。

　　产品设计作为一个综合性的交叉学科，囊括了设计学、心理学、计算机科学等领域的知识，是新时代背景下的重要设计应用方向。1911年，约翰·杜威（John Dewey）提出"基于项目"的设计教学方法，《产品研发与创新设计》将其延伸至"基于问题"的"项目式"教学模式，以期帮助学生通过具体的"设计项目"，掌握产品研发与创新设计的基础理论知识及基本方法，激励学生自主完成对问题的探索、发现和解决。《产品研发与创新设计》构建的理念可概括为以下六点。

准：教学目标、教学脉络准。根据社会对产品研发与创新设计人才的基准来匹配教学内容与教学目标，反向设计，正向推进。

明：教学方向明。教学目标明确，教学逻辑明晰，教学内容易于理解和实践，教学方法可执行性强。

新：教学设计创新。立足行业前沿信息，引入具有创新性的教学方法、教学设备、实践方式和考核方式。

巧：教学构思巧。根据班级情况与学生接受知识的速度和程度，巧妙设计理论讲授、案例分析、互动讨论、实践验证等环节。

活：教学方式活。积极探索理论实践融合、课内课外并重、传统文化背景与创新科学技术融合、多学科交叉的教学形式，充分培养学生的预习、自学、自测、验证能力。

精：练习与作业精。按照教学章节内容，针对课程重难点，精准设计课后练习或作业，使学生对课程内容的掌握与理解念兹在兹、层层递进。

《产品研发与创新设计》总的任务和目标在于通过对产品研发与创新设计的基本原理和设计方法的学习，使学生熟练掌握产品研发与创新设计的基础理论知识，具备运用产品系统设计方法解决当前生活中产品领域的盲点和痛点的能力，通过教学培养学生分析、解决问题的能力，以及合作、交流与创新能力，并树立良好的社会责任意识。《产品研发与创新设计》紧跟时代发展的步伐，以文化为引领，以科技为辅助，以创新为主旨，系统构建图文并茂的设计、开发、管理、赏析等八章内容，既可作为高等学校产品设计、用户研究等相关专业或课程教材，也可作为设计管理、创新创业的辅助参考书，还可作为"专业基础、行业经历双空白"并希望转型产品研发与创新设计领域的初学人员的入门书籍和常备参考书。

　　在产业升级、经济结构转型的社会发展趋势下，在人工智能、虚拟仿真、大数据、交互体验等技术革新下，产品研发与创新设计的应用领域日新月异、研究边界不断拓展，囿于笔者知识水平，书中难免存在疏漏与不足之处，恳请广大读者批评、指正。本书的出版，得益于多方的协力与襄助，尤其感谢四川师范大学服装与设计艺术学院院长乔洪教授的鼓励与支持，感谢中国纺织出版社有限公司李春奕编辑细致耐心地指导，并向为此书提供设计案例、绘制图形的学生们表示深切感谢！

程思

2025 年 1 月 5 日

教学内容及课时安排

章（课时）	课程性质（课时）	节	课程内容
第1章 （8课时）	基础理论 （24课时）	●	产品研发与创新设计概论
		1	产品研发与创新设计的沿革
		2	产品研发与创新设计的部门
		3	产品研发与创新设计的周期
		4	产品研发与创新设计的从业
第2章 （8课时）		●	产品研发与创新设计的流程与规划
		1	产品研发与创新设计的工作流程
		2	产品研发与创新设计的机会识别
		3	产品研发与创新设计的工作规划
第3章 （8课时）		●	用户研究
		1	用户研究的要点
		2	用户研究的流程
		3	用户研究的方法
第4章 （8课时）	应用理论与训练 （32课时）	●	产品规格
		1	产品规格的概述
		2	产品规格的建立
		3	产品的最终规格
第5章 （8课时）		●	概念的生成与表达
		1	概念概述
		2	概念选择
		3	概念评分
		4	概念测试
		5	概念表达
第6章 （8课时）		●	产品架构与原型化
		1	产品架构
		2	产品原型化
第7章 （8课时）		●	产品研发与创新设计项目管理和经济性分析
		1	产品研发与创新设计的项目管理
		2	产品研发与创新设计的经济性分析
		3	宏观经济环境的作用
		4	产品项目管理实践
第8章 （8课时）	优秀设计案例赏析 （8课时）	●	设计案例赏析
		1	设计案例：家用食物粉碎种植器
		2	设计案例：云朵形面盆
		3	设计案例：智慧花园
		4	设计案例：设计师交互平台

注　各院校可根据自身的教学待色和教学计划对课程时数进行调整。

目　录

第1章
产品研发与创新设计概论

当前，科技变革改变了人们的生产、生活方式，经济社会全球化不断助推设计产业的发展，因此，设计专业在设计理念、设计思维及设计方法上发生了深刻的转变。设计委托人对项目的要求超出外观设计的板块，开始趋向系统的设计和管理，使设计的复杂性不断加强。在科技、经济、社会、文化等因素的共同作用下，设计过程中涉及的学科范围愈加广泛，进而对新时代的设计人才培养提出了新的挑战。

课程名称： 产品研发与创新设计概论

课程内容： 产品研发与创新设计的沿革
产品研发与创新设计的部门
产品研发与创新设计的周期
产品研发与创新设计的从业

上课时数： 8课时

训练目的： 了解产品研发与创新设计的基本理论与发展历程，以及本行业所需的职业需求和素养，思考当代设计师的使命和如何进行中华优秀传统文化的活化与传承。

教学要求： 1. 了解和掌握产品设计发展的历史沿革及发展趋势。
2. 通过典型案例的分析，思考传统设计行业的发展现状与发展对策。

课前准备： 阅读产品设计基本原理与工业设计史方面的书籍。

课前引导： 1. 在构建新时代人民幸福生活的过程中，有哪些产品设计令人印象深刻，为什么？
2. 优秀的产品设计应该具备哪些特点？

第1节
产品研发与创新设计的沿革

产品研发与创新设计有着悠久的历史，无数优秀的设计师在其发展过程中孜孜以求、推陈出新，使其成为一门既古老又年轻的学科，其中继承、创新与发展是产品研发与设计始终延续的主题。

一、产品研发与创新设计的定义

产品研发与创新设计是从制订出新产品设计任务书起到设计出产品样品为止的一系列技术工作，其工作内容是制订产品设计任务书及落实设计任务书中的项目要求，包括产品的性能、结构、规格、形式、材质、内在和外观质量、寿命、可靠性、使用条件、应达到的技术经济指标等。

产品研发与创新设计过程涉及艺术学、设计学、心理学、管理学和计算机科学等不同领域的知识，广义上包括城市、建筑、环境设计，狭义上可以专指工具、机器的设计。好的产品设计可以归纳出很多的标准，仅以持久性为例，在设计史上就有着很多经久不衰、沿用百年的设计方案，可通过以下设计案例加以理解（图1-1 ~ 图1-3）。

时代的发展推动产品研发与创新设计不断更迭，当前的产品研发与创新设计更侧重于绿色、低碳环保、资源循环、智能与科技化，未来的产品研发与创新设计应该具备以下四个特点。

（1）科技的先进性、品质的高层次，能够满足用户需求。

（2）产品的生产者和使用者均能获得经济共赢。

（3）生产及使用过程中的环境保护和可持续发展。

（4）提升产品系列化、标准化和通用化水平。

图1-1 第一支带橡皮擦头的铅笔

1858年，海门·L.李普曼（Hymen L. Lipman）设计出"铅笔与橡皮擦结合体"，图1-1为迪克森·提康德罗加（Dixon Ticonderoga）黄色2号铅笔，这支铅笔的著名在于其定义了铅笔的规格，并发明了铅笔自动化生产的技术，使带橡皮擦头的铅笔设计沿用至今。

图1-2 回形针

在回形针发明之前，人们常用针将纸页固定在一起，但是针易损害纸张，还会因刺破手指而伤害使用者。1899年，约翰·瓦莱（Johan Vaaler）提出了金属丝纸夹的设计方案，纸夹有一个双重环圈，使用时不会破坏纸张，还能用不同的颜色对文件进行区分，自被采用以来就成为标准的设计沿用百年，至今依然是办公必备的产品之一。

图1-3 拉链

拉链最初的发明始于1893年，但真正形成现代拉链设计以及将拉链推广开来的发明者应该是瑞典工程师伊德翁·松德贝克（Gideon Sundbäck）。拉链推广的初衷是系紧高筒靴，为此伊德翁·松德贝克用了5年时间改进拉链的设计，并于1913年将其量产化，拉链设计沿用至今。

二、产品研发与创新设计的历程

设计作为人类文化传统的重要组成部分，有着持续而漫长的演进史，在人类的生存实践中，设计的概念自原始社会后期萌发。中西方历史发展中蕴含着璀璨的造物智慧，并创造出璀璨的人类文明。

（一）中国产品设计的发展历程

中国历史发展中诞生了"黄帝、尧、舜垂衣裳而天下治"和"赵武灵王胡服骑射"等历史典故，从中可见，中国在历代社会发展中十分重视"造物"对人类智慧的启迪，强调设计是人类提升文化自觉性的重要途径，同时，设计也在治理社会人文环境方面起着重要的作用。远古时代，人们便已开始建造地穴、火塘、炉灶、窑场、墓地等，这些早期的建筑及工艺形式记录着先民的生活方式，传达着先民对自然的敬畏和浓烈的情感，如马家窑文化中的彩陶工艺就创造了大量绚丽的纹样表达形式（图1-4、图1-5）。

夏商周时期的青铜器，器类繁多、数量巨大、造型奇异、纹饰华丽，体现了我国古代独特的设计品格和艺术风范，而这一成就与当时精湛的铸造技术不无关系[1]。夏商周三代达到高峰的青铜文明记载了那个充满神秘图像的时代（图1-6~图1-8）。

战国时期的漆器、秦汉时期的瓦片中都可见先民精巧的设计思想，对后世影响深远，在当今的造物乃至城市建设中都得以延续应用（图1-9）。两汉时期，宫廷专门设置专司考公的机

---

[1] 倪玉湛. 夏商周青铜器设计中技术与艺术的互动关系[J]. 装饰，2015（11）：85-87.

图 1-4 马家窑文化 涡纹四系彩陶罐 中国国家博物馆藏

涡纹彩陶罐于1956年出土于甘肃永靖三坪遗址，是马家窑文化的典型器物，被誉为"彩陶之王"。罐腹部硕大，造型周正，器壁厚薄均匀，为了便于提拿，在腹部还塑有两耳。罐身用黑彩绘出四个大漩涡纹和八个小漩涡纹，下面还彩绘一圈粗大的水波纹。从罐的口、肩俯视，可以看到彩陶罐的全部纹饰。这是一幅表现当时人类与水密切相关的图案，漩涡纹正是远古先民对黄河水湍急汹涌的图案化写照，可见其绘画技法已相当纯熟，极具动感和张力。

图 1-5 马家窑文化 弦纹网纹彩陶壶 青海省博物馆藏

弦纹网纹彩陶壶是马家窑文化的典型器物。浅褐色的外表上满施黑彩，其中肩颈部绘平行弦纹，上腹部绘一周四方连续的，由圆圈纹、弧线三角纹、网纹、十字纹和圆点纹共同组成的纹饰，下腹部是点缀着圆点纹的水波纹和平行弦纹。整个画面层次分明，构图疏密有致，笔触流畅自如，显示出高超的构图技巧和审美水平。

图 1-6 商 羊鼎 上海博物馆藏

鼎的两耳三足造型具有稳定感，颈腹部装饰对称的回顾式鸟纹和兽面纹，衬以细密的雷纹，纹饰线条深刻劲锐，鼎颈部饰卷尾夔纹，腹部饰大兽面纹，兽面阔口怒张，有威严雄奇之势，范铸极精，使粗犷的兽面和精细的雷纹水乳交融，夸张而不失之狂野，精密而不流于琐碎，呈现出端凝、优雅的美态，立体感极强。

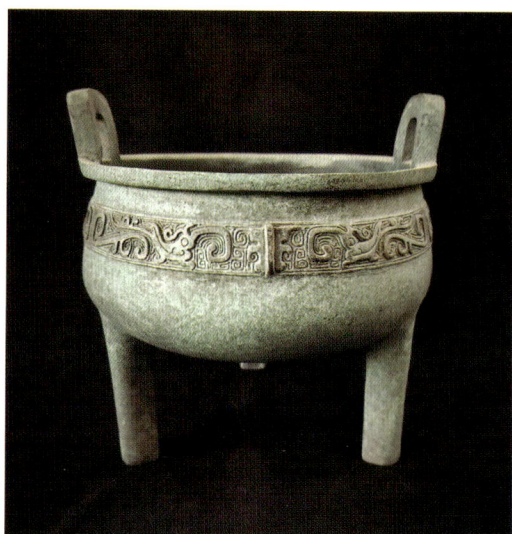

图 1-7 西周 师旂鼎 故宫博物院藏

鼎圆浅腹，腹倾垂，二直耳，三柱足，颈部饰有长身、分尾、垂嘴的鸟纹，这件铜器铭文记录了西周中期军法处罚事件，反映了当时的法律制度，是研究法律史的珍贵资料。

构，造物技艺日益精进，具体可考证马王堆汉墓出土文物。马王堆汉墓共出土了700余件漆器，胎质以木胎为主，也有少量夹纻胎、竹胎。器类品种繁多，器型大小兼备，装饰推陈出新，纹饰清秀华美，堪称西汉前期漆器工艺的典型代表（图1-10～图1-13）。自隋唐起，我国的陶瓷、织绣、金属等技艺走向巅峰，创造了无数传世精品，展示了中国工艺美学的精湛与华美（图1-14～图1-16）。明清时期，器物艺术与意识形态紧密融合，体现在陶瓷、玉石、金属、髹漆、皮革、木工、染整、织绣等领域，形成彪炳史册的审美高峰，造就集实用与享用于一体的工艺与设计传统（图1-17～图1-21）。明代家具多选用黄花梨、紫檀等名贵材料制成，使用榫卯结构小构件进行拼接，较少使用髹漆，从而突出材料本身的肌理和色彩。

图1-8 商代晚期 妇好鸮尊 河南博物院藏

安阳市殷墟妇好墓，是目前中国发现最早的一件鸟形铜酒器，商代晚期文物。出土原器为一对两只，一件收藏于中国国家博物馆，另一件收藏于河南博物院。妇好鸮尊由器盖与器身两部分组成，器身口内壁铸铭文"妇好"，整器为一站立鸮形，两足和下垂尾部形成三个支撑点，器盖置于鸮首后部，盖面铸站立状的鸟，造型雄奇。它通体满花的装饰有蝉纹、夔纹、云雷纹等八种之多，花纹绚丽，繁缛富丽的线条和立体造型巧妙结合，是中国商代青铜器中的精品。

图1-9 秦 夔纹大半圆形瓦当 秦始皇帝陵博物馆藏

夔纹大半圆形瓦当被文物考古界誉为"瓦当王"，两夔左右对称，姿态矫健，气韵生动，具有很高的装饰艺术价值

图1-10 西汉 "君幸酒"漆耳杯 湖南省长沙市马王堆一号汉墓出土 湖南博物院藏

图1-11 西汉 "君幸食"小漆盘 湖南省长沙市马王堆一号汉墓出土 湖南博物院藏

图1-12 西汉 "君幸酒"云纹小漆卮 湖南省长沙市马王堆一号汉墓出土 湖南博物院藏

图1-13 西汉 长信宫铜灯 河北博物院藏

图1-14 隋 绿釉塑贴盘龙托莲花形带盖博山炉 故宫博物院藏

长信宫铜灯上刻铭文九处，内容包括灯的重量、容量、铸造时间和所有者等，还有"长信"字样，或曾放置于窦太后的长信宫内，故名"长信宫灯"。灯体为一通体鎏金，整体造型为一宫女双手执灯跪坐，灯罩为两片弧形屏板，可以左右开合移动，灯盘可以转动，因此可以任意调节灯照射的方向和亮度。长信宫铜灯设计十分巧妙，宫女一手执灯，另一手袖似在挡风，实为虹管，用以吸收油烟，既防止了空气污染，又有审美价值，在汉代宫灯中首屈一指，堪称"中华第一灯"。北京冬奥会火炬接力火种灯的创意便源于长信宫铜灯。

绿釉塑贴盘龙托莲花形带盖博山炉通体施铅绿釉，附山形盖，敞口，深弧腹，瘦底，下承高柄，柄下接托盘，盖面塑贴四层莲瓣，每个莲瓣刻画卷云纹，呈重峦叠峰之势，炉外壁刻莲瓣纹，高柄塑贴两条盘旋而上的龙，龙爪上托炉身。

图1-15　唐　镶金兽首玛瑙杯　陕西历史博物馆藏

镶金兽首玛瑙杯是至今所见的唐代唯一一件俏色玉雕,是用一块罕见的五彩缠丝玛瑙雕刻而成。这是唐代玉器做工最精湛的一件,也是唐代中外文化交流的产物,是中国首批禁止出境展览的64件文物之一,镶金兽首玛瑙杯长15.6cm、高5.6cm,用酱色缠橙黄色夹乳白色纹理的玛瑙制作而成。

图1-16　唐　赤金走龙　陕西历史博物馆藏

赤金走龙每只长约4cm,最高2.5cm,最矮2.1cm,身材纤细,阔嘴伸颈,头顶长有双角,龙尾舒卷逶迤,周身装饰精致的鳞纹。赤金走龙从龙头到背脊,再到尾部,形成一条优美流畅的曲线。考古专家分析,赤金走龙可能是唐代道教"投龙祭祀"仪式的法器。投龙祭祀是指在祭祀中将龙形器物埋进山中或者沉入水中,以驱邪、避妖,祈求长生不老。

图1-17　明　金丝翼善冠　明十三陵博物馆藏

金丝翼善冠通高24cm,用极细的金丝编织而成,下沿内外镶嵌有金口,冠的后上方有两条左右对称的盘龙于顶部会合,龙首在上方张口吐舌,龙身弯曲盘绕呈现动势,两龙首中间有一颗圆形火珠,四周喷吐出无数火舌,构成二龙戏珠状,整个金冠双龙飞舞,雄猛威严,有着强烈的艺术装饰效果

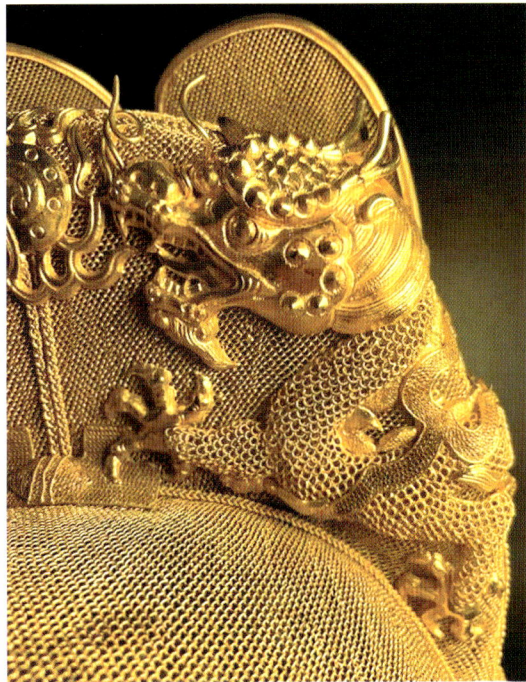

图1-18 明 黄花梨圆后背交椅 上海博物馆藏

黄花梨圆后背交椅整体造型典雅简约、清新明快，是中国家具设计历史的典范之作。

图1-19 明 孝端皇后凤冠 中国国家博物馆藏

中国国家博物馆镇馆之宝——明孝端皇后凤冠，1957年出土于北京明定陵地宫。凤冠前部饰有九条金龙，口衔珠滴，下有八只点翠金凤，后部也有一只金凤，共九龙九凤。这件凤冠上共镶嵌天然红宝石100余粒，珍珠5000多颗，造型庄重、华丽精美。

图1-20 清雍正 明黄色纳纱绣彩云金龙纹男单朝袍 故宫博物院藏

此明黄色纳纱绣彩云金龙纹男单朝袍是清代皇帝礼服之一，主要用于重大祭祀场合，如元旦节、万寿节及社稷坛、大庙祭祀等，朝袍采用二至四色间晕与退晕相结合的装饰方法，运用平针、套针、钉线、缠针、平金等多种刺绣技法绣制彩云金龙、海水江崖及十二章符纹样，不仅代表着清雍正时期苏州刺绣的高超水平，也反映出当时追求繁复细腻的装饰风格。

图1-21 清 点翠花蝶纹头花 故宫博物院藏

点翠花蝶纹头花为清代制作，采用点翠制作工艺。这种工艺在清代康熙、雍正、乾隆时期达到鼎盛，用点翠制作出来的首饰光泽亮丽、色彩鲜艳，极具装饰性。

（二）西方产品设计的发展历程

在西方历史发展进程中，传世设计作品成为人类文明觉醒的重要见证，从非洲大陆到地中海沿岸，灿烂的古代工艺是全人类的骄傲与历史的基石。古希腊文明是西方文明的主要源头之一，特别是希波战争以后，经济生活高度繁荣，产生了光辉灿烂的古希腊文化，对后世产生深远的影响。精美的陶器艺术是古希腊文明的一个重要表现，依附于陶器的瓶画艺术，代表了古希腊绘画风貌（图1-22、图1-23）。

14—16世纪，欧洲掀起文艺复兴运动，推动了人本主义研究方法的发展，在设计艺术上，以丰富的视觉表达形式展现人类的思维形式与审美取向。文艺复兴早期，家具的图案主要采用扭索纹，此外，还广泛地采用蛋形、短矛形、串珠线脚、叶饰及花饰等对家具进行华丽的装饰，用材多为胡桃木、椴木、橡木、紫檀木等，综合使用染有鲜艳色彩的皮革面料，其家具产品图案精美、构图对称、高贵华丽（图1-24）。

图1-22　古希腊科林斯风格芳香油细颈瓶　　图1-23　古希腊原始科林斯风格芳香油瓶　　图1-24　文艺复兴时期　椅子

1750年至第一次世界大战爆发时期，现代工业设计开始探索与萌芽，市场空间的不断扩展使人类对设计的需求日益增强。18世纪60年代，英国第一次工业革命的爆发，标志着资本主义从手工工场阶段过渡到大机器工业阶段（图1-25、图1-26）。

在第一次工业革命中，工业设计随之诞生，1919年美国艺术家约瑟夫·西奈尔（Joseph Sinel）首次提出工业设计的概念，在1980年举行的第十一次年会上，国际工业设计学会理事会（International Council of Societies of Industrial Design）将工业设计的定义修订为：就批量生产的产品而言，凭借训练、技术知识、经验及视觉感受，赋予材料、结构、构造、形态、色彩、表面加工及装饰新的品格与资格。它以大批量机械化为条件，以满足人们的需求为目的，将科技成果转化为商品。

19世纪以来，在设计领域涌现了如威廉·莫里斯（William Morris，1834—1896）、沃尔特·格罗皮乌斯（Walter Gropius，1883—1969）以及约翰·拉斯金（John

图1-25　蒸汽机的发明

蒸汽机是将蒸汽的能量转换为机械功的往复式动力机械，其出现引起了18世纪的工业革命，直到20世纪初，蒸汽机仍然是世界上最重要的原动机。蒸汽机的发明改变了生产方式，大大提高了生产力，后来才逐渐让位于内燃机和汽轮机等。

Ruskin，1819—1900）等一批贡献卓著的设计大师和设计理论家，其中威廉·莫里斯倡导的工艺美术运动，是现代设计史上第一次大规模的设计改革运动，对工业设计的发展影响深远，这次运动率先提出了"美与技术结合"的原则。此阶段设计理论与实践的焦点集中于机械化程度，机械化给社会各个方面带来深远的变革。因此，设计师们不断地思考如何为机械制品塑造美感，此时的产品设计几乎由技术决定。如1839年8月19日，法国画家路易·雅克·曼德·达盖尔（Louis Jacques Mand Daguerre，1787—1851）公布"达盖尔银版摄影术"，自此世界上第一台可携带式木箱照相机诞生（图1-27），同时科技也在不断进步，1946年世界上第一台通用计算机诞生（图1-28）。

1919年，德国魏玛包豪斯学院成立，对现代主义设计思想的形成、传播和设计实践都有很大的影响，包豪斯经过不断实践和发展，逐步构建了重视功能、技术、经济因素的设计实践体系，其创作方法和教学理念深刻地影响了现代设计教育。

20世纪以来，随着建造、工程、图像与信息领域的西方现代设计广泛全面发展，逐渐形成了设计自身的学科——设计学。设计学以设计为对象，研究设计的发生、发展、应用与传播，是强调理论与实践结合，集创新、研究与教育为一体的交叉学科。

随着21世纪全球化的科技发展，生活、生产方式的变迁和多元文化的繁荣，用户需求和产品形式发生了根本性的变化。在社会信息化的背景下，其对产品的需求正在由过去的"实用功能的使用"转变为"对信息的认知体验"，其不仅仅是购买产品本身，更是

图1-26 工业大生产

图1-27 1839年 世界上第一台可携带式木箱照相机

图1-28 1946年 世界上第一台通用计算机"ENIAC"

1946年2月14日，世界上第一台通用计算机——电子数字积分计算机（ENIAC）在美国宾夕法尼亚大学诞生，发明人是美国人约翰·W.莫克利（John W.Mauchly）和约翰·普雷斯伯·埃克特（John Presper Eckert），"ENIAC"用了18000个电子管，所以又被称为电子管计算机，是计算机的第一代，占地170m²，重达30t，耗电功率约150kW，每秒可进行5000次运算。

购买产品的服务、体验和个性价值。因此，产品不仅应具有使用价值，而且应具有丰富的信息价值和意义。产品创新也已不只是单纯地表现在产品的功能上，而是逐渐转移到用户个人的意义需求和情感满足上。信息、人工智能等技术的发展使产品在更大程度上摆脱了生产和技术的制约，人与人、人与物、物与物之间的约束如时空距离、条件限制等被进一步弱化。在这个被数据、网络贯穿的世界中，人被信息流和电子幻象包围，现代产品的智能化程度越来越高，高科技的产品在给人的生活带来各种便利的同时，也带来诸多不便。如产品功能的日趋复杂带来信息获取、认知加工与反馈障碍等，要解决这些问题，需要认识到设计创新的核心是对"人"的关注，这种关注包括感知、行为、情感等诸多方面的综合体验，因此，产品的软硬件高度融合，共同作为用户认知体验过程中的信息载体。信息化、智能化已成为当代产品设计的重要趋势之一，按照工业设计发展阶段及其驱动力量，可将工业设计的发展划分为蒸汽时代、电气时代、信息化时代和智能化时代（图1-29），以认知过程为线索、以用户认知心理满足为目标的产品设计研究，正逐渐成为信息化、高技术背景下设计理论及实践研究共同关注的焦点。

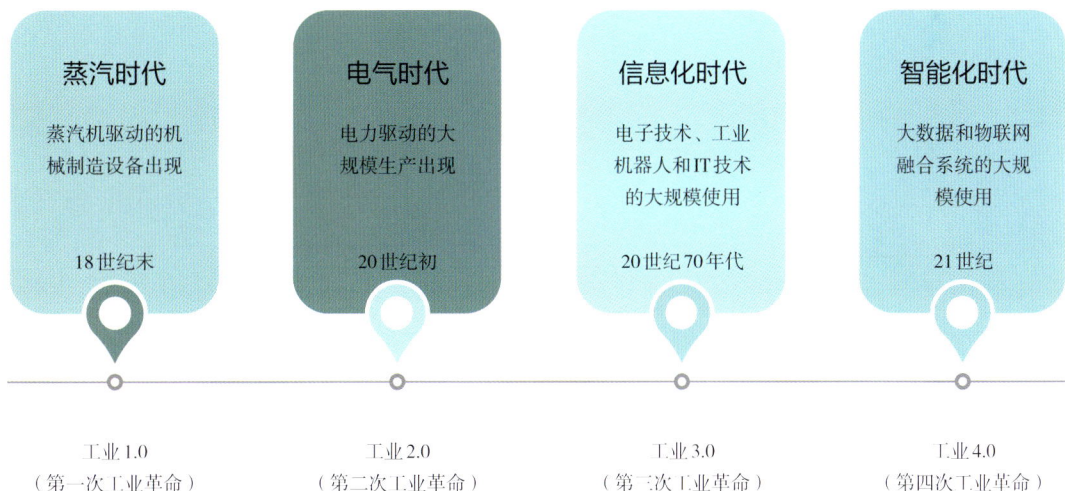

图1-29　工业设计发展阶段及驱动力量

三、产品研发与创新设计的现状

自20世纪下半叶改革开放以来，中国经济得到快速发展，"中国制造"已成为一张耀眼的名片，2015年国务院发布"中国制造2025"，即到2025年，中国制造业全球占比将高达50%，在蓬勃发展的驱动力下，我国由"中国制造"向"中国智造"迈进。随着国内经济快速发展，产品设计行业蓬勃发展，诞生了不少知名的设计公司。现阶段，整个行业呈现一片勃勃生机，但也不可避免地面临着困难和挑战。一方面，在短短几十年的发展中，中国诞生了诸如浪尖设计集团（AG ARTOP GROUP）、北京洛可可科技有限公司、成都黑蚁文化创意集团股份有限公司等颇具知名度的设计公司，但相对国内蓬勃的经济体量而言，领军设计公司较少，而且距离成为全球知名设计公司还有一段距离。另一方面，纵观全国，产品设计行业发展得较好的公司基本集中在经济活跃的地区，如珠三角地区、长三角地区、京津地区等，未来会随着产业往周边地区、内陆转移，引导一批设计公司在相应地区兴起与发展。

第2节 产品研发与创新设计的部门

产品研发与创新设计是一项跨学科的活动，需要企业中几乎所有部门的共同参与，而市场营销、产品设计、产品制造三个部门占据产品研发与创新设计的核心地位。

一、市场营销部门

市场营销部门协调着企业与用户之间的关系。营销部门不仅可以协助识别产品机会、确定细分市场、识别用户需求，还可以加强企业与用户之间的沟通、协助设定目标及价格、监督产品的发布与推广工作。

二、产品设计部门

产品设计部门在确定产品是否可以满足用户需求方面发挥着最重要的作用，本节课程涉及的设计职能包括机械、软件、美学、人机工程、用户界面设计等。

三、产品制造部门

产品制造部门围绕产品研发与创新设计而展开生产系统设计、运营和协调工作，广义的制造职能还包括采购、配送和安装，这一系列的活动也被称为供应链。

除此之外，新产品的设计开发过程通常也会涉及财务、法务等其他部门，除了这些广泛的部门类别，一个开发团队的具体组成还取决于产品的具体特性。设计和开发一个产品往往需要项目团队的通力配合，为了高效地协同工作，团队可以分为核心团队和扩展团队。核心团队可以保持较小的规模，但是扩展团队常常包含几十、几百甚至上千名成员，比如一个中等复杂程度的产品设计开发，核心团队必须包括团队领导、制造工程师、机械工程师、采购专员、电子工程师、营销人员、工业设计师，而扩展团队需要包括财务、销售、法务等。

第3节
产品研发与创新设计的周期

产品研发与创新设计周期直接影响企业的市场竞争力，一个成功的产品应该具备稳定性、独创性和秩序性。产品研发与创新设计是一项复杂的工程，从根据用户的需求提出设想开始，到产品投放市场结束，因其各个阶段涉及的面较广、持续时间较长，因此必须设置一定的程序以组织和开展工作。以"一次性注射药瓶"研发为例，产品研发与创新设计的周期包含以下阶段。

一、调查研究阶段

研发新产品的最终目的是满足社会发展和用户的需求，用户的需求是产品研发的主要依据，因此调查用户的需求是产品研发的重要先行工作，调研过程中能够初步提出产品的造型构思、工作原理、组织结构、使用功能、选用材料、加工工艺等开发设想。产品研发的调查涉及市场调查、消费者调查、环境调查和生产技术调查（图1-30）。

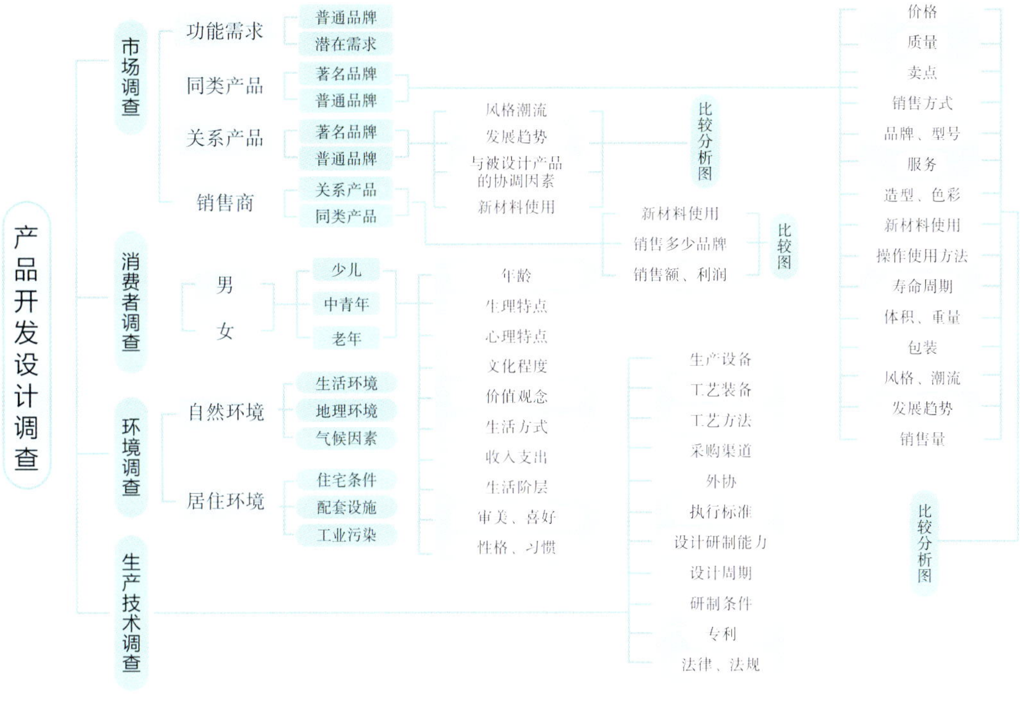

图1-30 产品研发与创新设计调查

产品设计与研发初期需要进行一系列产品的调查，调查对设计工作有着相当重要的作用，不仅可以知悉产品的具体情况，而且对其市场大环境及整体要求有所了解，可以进一步加强设计团队对产品的把控度。

二、构思创意阶段

构思创意阶段的主要工作是根据前期调研掌握的社会和用户需求，结合企业自身的生产条件，以及竞争品牌的动向，有针对性地提出产品的构思和设想。新产品创意包括产品构思、构思筛选和产品概念的形成，其中产品构思需要在市场调查以及技术分析的基础上，提出新产品的构想或产品改良的建议，绘制初步的设计草图。构思筛选阶段对形成的产品构思进行筛选，去除与企业的发展目标不符合，或缺乏相应的资源条件的选项。产品概念的形成是构思与用户需求相结合的过程，经过构思筛选后的概念，需要继续细化细节，最终形成能够为用户接受的、细节具体的产品概念。

三、产品设计阶段

产品设计阶段是指从确定产品设计任务书起到确定产品结构为止的一系列技术工作的准备和管理，是产品生产过程的开始，必须严格遵循"三段设计"程序。

（一）初步设计阶段

初步设计阶段的主要工作是编制设计任务书，并广泛征得设计方案的改进和推荐性意见作为新产品设计的依据。设计任务书的主要功能是明确产品总体设计方案、设计依据、产品用途、适用范围、基本参数、主要技术性指标等，经过对不同概念的反复斟酌比较，最终选定最佳方案。

（二）技术设计阶段

技术设计阶段是在初步设计的基础上完成设计过程中必需的试验研究，包括新原理结构、材料元件工艺的功能或模具试验，写出试验研究大纲并研究试验报告；做出产品设计计划书；画出产品总体尺寸图、产品主要零部件图并校准；进行成本与功能关系的分析，编制技术经济分析报告；绘制各种系统原理图；提出特殊元件、外购件、材料清单；对技术任务书的某些内容进行审查和修正；对产品进行可靠性、可维修性分析。

（三）工作图设计阶段

工作图设计是在技术设计的基础上，完成供试制或生产及随机出厂用的全部工作图样和设计文件，设计师需要严格遵守有关标准规程和指导性文件，绘制各项产品工作图。

四、试制评价阶段

新产品试制阶段又分为样品试制阶段、小批试制阶段以及试制鉴定阶段，在样品试制阶段主要考核产品设计质量、产品结构、性能及工艺，验证和修正设计图纸，同时也验证产品结构工艺性，审查主要工艺上存在的问题。在小批试制阶段，工作重点在于工艺准备，主要考验产品的工艺，验证设计的产品在正常生产条件下，能否符合规定的技术条件、质量和经济效果。在试制鉴定阶段，要求对新产品从技术、经济上进行全面评价，得出全面定型结论，投入正式生产。

五、生产准备阶段

生产准备阶段应完成全部工作图的设计，并确定各零部件的技术要求。

在此阶段不仅需要做好生产计划、劳动组织、物资供应、设备管理等一系列工作，还需要考虑新产品引入市场的渠道，如产品的促销方式、宣传策略、价格方案、销售渠道、售后服务等问题。新产品的市场开发既是新产品研发过程的终点，也是下一代新产品再开发的起点，通过市场开发可确切地了解市场情报，进一步为开发产品决策、改进下一批（代）产品、提高开发研制水平提供依据，同时还可取得有关潜在市场的数据资料。以小型的产品研发为例，可按照表1-1进行监督和管理。

表1-1　新产品研发周期及参与部门信息表

阶段	参与部门	分析要点及结果	完成日期	进度
可行性分析	市场销售部门、锻压部门、模具开发部门			
工艺分析	制造部门、锻压部门、模具开发部门			
产品造型	设计部门、绘图部门			
图纸确认	制造部门、锻压部门			
电极设计	机械设计部门、绘图部门			
模具加工	制造部门、模具开发部门			
产品试模	制造部门、模具开发部门			
产品处理	制造部门、金工制造部门			
产品送样	市场营销部门、销售部门			
客户确认	企业各部门、用户			

此外，新产品的开发还需特别关注成本的控制，产品成本构成中的大部分内容在新产品设计阶段就已经确定，研究产品成本控制的方法体系具有重大的现实意义和应用价值。一个产品的全生命周期包含产品成长期、成熟期、衰退期三个阶段，这三个阶段的成本控制重点是不同的，分别为设计成本、制造成本、销售服务成本。产品研发和设计是制造和销售的起点，产品完成研发时，其材料成本、人工成本便已基本确定，因此应该将研发过程中的成本控制作为整

个产品成本控制的起点，在设计过程中对产品成本进行有效的估算、预测，对企业提高市场竞争力十分关键。成本控制是为提高成本效益而对各种影响因素采取的主动预防和及时调节措施，其包括的程序及说明见表1-2。

表1-2 产品研发程序与成本控制内容表

研发程序	成本控制内容
制定标准	制定降低成本的技术措施
执行标准	对成本形成过程进行计算和监督
确定差异	核算实际消耗脱离成本指标的差异，分析成本发生差异的程度和性质，确定造成差异的原因
消除差异	挖掘增产节约的潜力，提出降低成本的新措施

产品研发与创新设计是系统的复杂工程，当今更面临着多重的挑战，如研发时间的限制、产品成本的评估、产品细节的权衡、宏观经济环境和竞争产品的影响。

第4节
产品研发与创新设计的从业

根据企业的开发要求，产品研发与创新设计师的工作职责是提供产品的整体设计方案，并对设计、结构进行评审，确定设计、结构是否合理并进行优化；根据最终确定的设计、结构方案，出具最终的图纸并安排试样；并根据样品的实际情况，不断调整并优化设计图纸，确保投入市场的最终产品能正常量产。

在信息发达的21世纪，产品的功能渐渐趋向一致，但是设计面对的对象和状况却越来越复杂，产品之间的全球化竞争也越来越激烈，对产品设计从业者提出了新的挑战。产品设计专业学生，在从业时应该具备的专业技能包括概念草图绘制、口头及书面表达、材料与工艺评估、认知与信息处理、概念模型制作等基本能力，同时还需要丰富多学科交流、企业实习实训、市场营销策划等经验。未来的产品设计师需要满足如下要求。

（1）以用户为导向的设计理念。

（2）能够运用系统设计的方法。

（3）熟知各种材料的加工与制造流程。

（4）了解常见的市场营销策略。

（5）能够创造性地解决问题。

与此同时，一些传统的设计岗位也在逐渐细化，其岗位设置大致可分为材料开发研究、用户行为研究、生活形态分析、色彩设计分析，每类设计岗位的具体工作内容如下。

一、从事材料开发研究的设计研究人员

此方向的设计研究员，应熟悉各种材料及其加工工艺，如金属、石材、皮革、塑料等，对材质有着独特的创意构思和创新能力，其主要工作内容是材料开发，分析材料运用的可行性，并发掘出可运用于产品设计的材料。当前产品研发与创新设计使用的材料日益丰富，节能环保、循环利用、再生材料备受关注（图1-31）。

图1-31　再生材料家具设计

二、从事用户行为研究的设计研究人员

此方向的设计研究员，应在设计流程中善于创新并具有国际视野，熟悉用户行为及消费者心理学，能够提出符合用户需求的设计概念，具有创意能力，能对用户行为进行系统分析和研究。其主要工作为用户行为调查、用户心理调查，并能够将研究成果用于设计，使产品满足用户和市场的需求。以用户网络访问行为为例，在进行用户行为研究时，需要明确调查的各项指标（图1-32）。

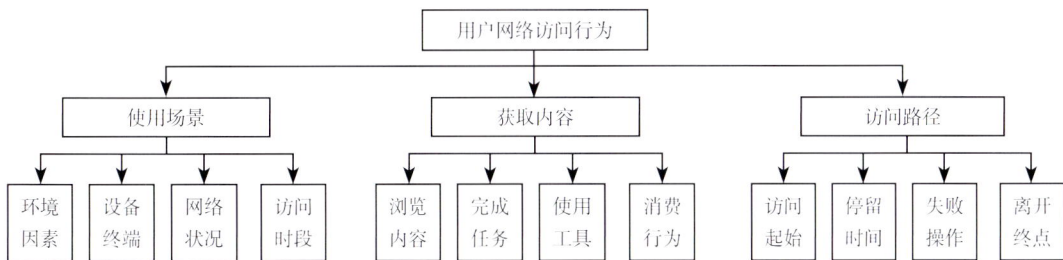

图1-32　用户网络访问行为调查指标

三、从事生活形态分析的设计研究人员

此方向的设计研究员，需熟知每周、每月、每季全球生活形态、生活情报、社会趋势或针对不同族群的专题报告，具备敏锐的洞察力、分析能力、美学敏感度以及国际视野，其主要工作为探究生活趋势、搜寻对设计有用的数据以及对用户有意义的线索，为设计提供不同族群的生活形态分析。如中国设计师谢辉创立的ACE DESIGN设计公司，在空间设计过程中广泛调研生活形态发展趋势并运用于自己的设计案例（图1-33）。

四、从事色彩设计分析的设计研究人员

此方向的设计研究员，需对色彩具备强烈的敏锐度，擅长观察色彩流行趋势与生活形态发展演变，能够熟练理解和应用流行色，如潘通（PANTONE）年度流行色（图1-34），熟悉配色方法，具有创意思考的能力，其主要工作为色彩开发与趋势分析。

图1-33 ACE DESIGN "享受日光"生活形式的空间设计

图1-34 潘通2023年度流行色——非凡洋红

潘通是全球著名的研究色彩的科研机构，总部位于美国新泽西州卡尔士达特市（Carlstadt），是一家因专门开发和研究色彩而闻名全球的权威机构，也是色彩系统的供应商。潘通色卡是享誉世界的色彩权威，涵盖印刷、纺织、塑胶、绘图、数码科技等领域的色彩沟通系统，已经成为当今专业色彩选择和精确的交流语言。

💡 思考练习题

1. 在人民群众对美好生活的追求中，设计能够起到哪些作用？

2. 产品研发和创新设计与哪些软件或系统是紧密联系的？

3. 如何把握时代机会，挖掘产品研发与创新设计的行业价值？

📖 复习指导提纲

1. 产品研发与创新设计的发展历程与现状。

2. 产品研发与创新设计涉及的部门、周期与挑战。

3. 产品研发与创新设计师的主要职业发展情况。

第2章
产品研发与创新设计的流程与规划

　　产品研发与创新设计的流程与规划是企业构想、设计产品并使其商业化的一系列步骤或活动，是有创新的、有组织的活动，而非自然的活动，明确产品研发与创新设计的流程、确定规划非常重要，其主要发挥的作用是质量保证、成员协调、时间计划、进度管理。

　　本章主要介绍产品研发与创新设计的流程与规划，其中第一节介绍产品研发与创新设计的工作流程，包括研发流程、研发类型、研发组织；第二节介绍产品研发与创新设计中的机会识别，介绍机会的概念、类型和识别；第三节介绍产品研发与创新设计的工作规划，包括产品规划的必要性和步骤。

课程名称：产品研发与创新设计的流程与规划

课程内容：产品研发与创新设计的工作流程
　　　　　产品研发与创新设计的机会识别
　　　　　产品研发与创新设计的工作规划

上课时数：8课时

训练目的：关注行业发展趋势、分析典型案例，思考传统产品行业以及新兴产品行业如何在经济快速发展的社会背景下进行开发和规划。

教学要求：1. 了解产品研发与创新设计的流程和规划。

2. 模拟一种产品研发与创新设计流程和规划。

课前准备：了解产品研发与创新设计流程的工作环节，试想各环节应具备的资源。

课前引导：1. 基本的产品研发与创新设计流程应该考虑哪些因素？

2. 在产品研发与创新设计的过程中，如何鉴别一个市场机会的真伪？

3. 产品研发与创新设计中的资源应该如何分配？

第1节
产品研发与创新设计的工作流程

一个较为完善的项目研发流程与管理体系，对企业的高速运转和持续获取市场竞争力起着强大的支撑作用，良好的研发设计流程既有助于落实企业的产品战略，也有助于理顺研发组织架构。产品研发与创新设计流程在产品设计的过程中主要发挥质量保证、成员协调等作用。

一、产品研发流程

在产品研发与创新设计工作中，首先需要进行概念的开发，概念开发流程主要包括以下九项活动。

（1）识别用户的需求。

（2）建立目标规格。

（3）概念产生。

（4）概念测试。

（5）确定最终规格。

（6）项目规划。

（7）经济分析。

（8）竞争性产品的比较分析。

（9）建立、测试模型机或样机。

在产品设计与开发过程中，除了产品设计部门外，还应有市场营销部门、制造部门、财务部门乃至法务部门的共同参与，各个部门之间的协调以及工作安排，见表2-1。

表2-1　产品研发与创新设计中各部门工作安排

阶段	市场营销部门职责	设计部门职责	制造部门职责	其他部门职责
阶段1	表述市场机会 定义细分市场	考虑产品平台与产品架构 评估新技术	确定生产能力 制定供应链策略	研究部门：证实现有技术 财务部门：提供计划与目标 常规管理部门：分配项目资源
阶段2	收集用户需求 识别主要用户 识别竞争产品	调查产品概念的可行性 开发产品设计概念 建立并测试原型机	评估制造成本 评估生产可行性	财务部门：经济分析 法务部门：调查专利问题

续表

阶段	市场营销部门职责	设计部门职责	制造部门职责	其他部门职责
阶段3	编制产品配置 产品推广计划	开发产品架构 定义主要子系统及接口 优化工业设计 初步的部件工程	确定关键部件的供应商 进行自制—外购分析 确定最终的装配方案	财务部门：自制或外购分析
阶段4	细分市场 营销计划	确定零件几何形状 选择原材料 分配公差 完成工业设计的控制文件	定义部件生产流程 设计工艺装备 确定质量保证流程 开始长周期的工艺装备采购	服务部门：确定售前、售后问题
阶段5	改进和优化物料 销售现场测试	测试全部的性能、可靠性、耐久性 获取监管机构的批准 评估环境的影响 实施设计变更	启动供应商生产活动 完善制造与装配流程 培训员工 改进质量保证流程	销售部门：制订销售计划
阶段6	向关键用户提供早期产品	评估早期的产出	开始整个生产系统的运行	总体管理部门：进行项目后评估与总结

产品研发流程是一个结构化的活动流或信息流，可分为基本产品、螺旋式产品、复杂系统三类，这三类产品的研发流程存在较大的差异（图2-1～图2-3）。

①	②	③	④	⑤	
任务批准	概念评审	初步设计评审	关键设计评审	准许生产	项目评审
规划	概念开发	系统设计	详细设计	测试与改进	试产扩量	产品

图2-1　基本产品研发流程

系统设计　构建　试产扩量
概念评审　　准许生产

规划　概念开发　设计　测试　产品
任务批准　循环计划评审　循环评审　项目评审

图2-2　螺旋式产品研发流程

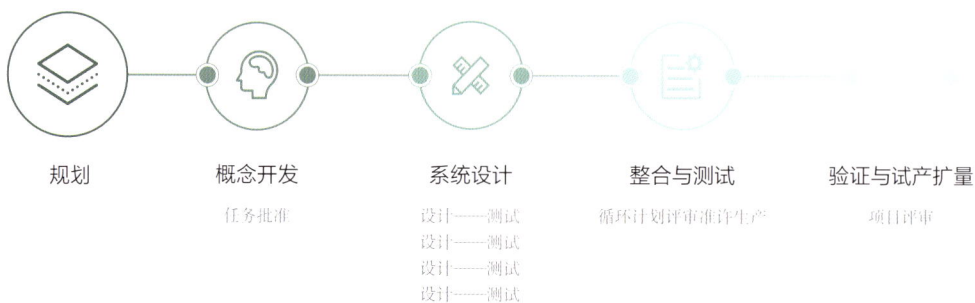

规划	概念开发	系统设计	整合与测试	验证与试产扩量
	任务批准	设计——测试 设计——测试 设计——测试 设计——测试	循环计划评审准许生产	项目评审

图2-3 复杂系统研发流程

产品研发流程的设立，有利于在产品立项或者其他决策的时候，进行资源需求分析、资源能力分析、资源调配；有利于产品优先级评估，给出优先顺序，确定重点保障产品类型；有利于明确产品战略作用、产品投资回报率、产品风险等方面的定性或定量评估。在产品研发与创新设计流程中明确这些细节，可以建立起可操作性强的完整的制度、模板、检查清单等，从而将产品战略落实到具体产品的研发工作中。

二、产品研发类型

不同产品的开发流程存在较大的区别，目前产品大致分为以下几类。

（一）技术推动型产品

技术推动型产品是指企业从新的专有技术开始，并寻找能够应用本技术的市场，如便携式消毒器的设计（图2-4），就是基于消毒器体量的缩小而设计出的产品。技术推动型产品流程通常包括清晰的规划、概念开发、系统设计、详细设计、测试与改进以及试产扩量阶段。

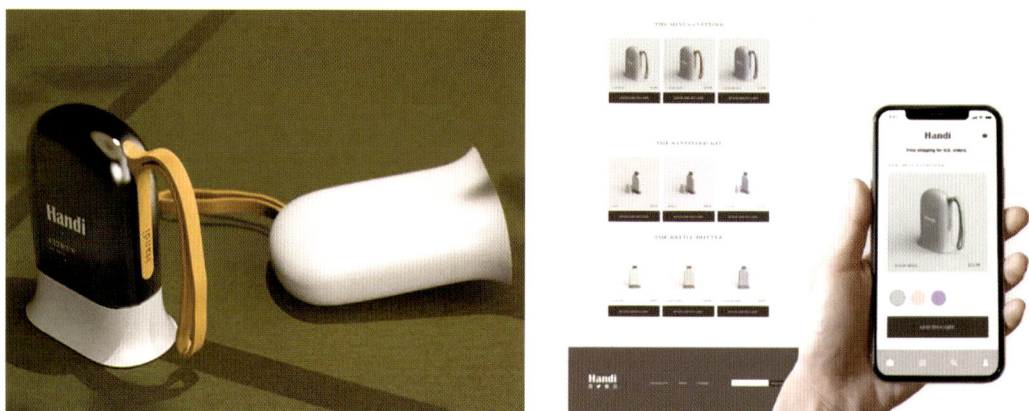

图2-4 便携式消毒器 设计师：赛琳娜·双·林 [Serena（Shuang）Lin]

（二）平台型产品

平台型产品是围绕一个已经存在的技术系统而建立的，如英特尔公司的个人电脑芯片、手机操作系统、吉列剃须刀的刀片设计等。平台型产品概念研发的基础是已经有一个可供操作的技术平台。

（三）流程密集型产品

流程密集型产品因生产流程严格限制了产品的特性，即使是概念阶段，产品的设计也不能与生产流程分离，如半导体（图2-5）、食品（图2-6）、化工和造纸等。流程密集型产品在项目开始时，要么已经确定了一个具体的生产流程，要么必须将产品和生产流程一起开发。

图2-5　流程密集型产品——半导体芯片

图2-6　流程密集型产品——意大利面包装设计
设计师：尼基塔·科林（Nikita Konkin）

（四）定制型产品

定制型产品的开发主要包括设计变量的值，如物理尺寸和材料，类似产品开关、发动机、电池和容器，这些产品的标准配置略微改变，就可以适应客户的特殊需求，如优必克轨道式插座及可变化的适配器（图2-7）。定制型产品项目之间的相似性使建立连续的和高度结构化的开发流程成为可能。

（五）高风险产品

高风险产品指那些技术和市场具有高度不确定性，因此存在市场风险的产品。产品研发流程

图2-7　定制型产品——优必克轨道式插座及可变化的适配器

中包含很多类型的风险，如技术风险，主要考核产品是否可以正常地运转；市场风险，主要考核用户是否接受并喜欢；预算和进度风险，主要考核团队是否可以在预算范围内完成项目等。如近年来备受关注的新能源汽车，由于其研发技术要求较高、研发成本较大、研发时间较长，属于高风险产品。

（六）快速构建产品

快速构建产品是指构建和测试原型模型的过程较短，设计—构建—测试循环可以在短时间内重复许多次，如软件和电子产品。对快速构建产品而言，其详细设计和测试阶段将多次重复，直到产品完成。

（七）产品服务系统

产品服务系统是指与有形产品一起提供的软件类产品，如汽车、共享单车、电动车租赁、餐饮，移动通信应用程序（App）等。对产品服务系统的研发而言，需要注意到客户需求的范围和创建服务体验的关键接触点。在这种类型的设计中，服务的生产和消费是同时进行的，因此供应与需求相匹配的程度也非常重要。

（八）复杂系统

复杂系统开发的显著特征是子系统和部件被许多团队平行开发，然后进行系统集成和验证。较大规模的产品如汽车和飞机是由许多相互作用的子系统和元件组成的，概念开发的时候需要考虑整个系统的架构。

三、产品研发组织

在企业发展的不同阶段，新产品研发采用的组织模式不同。产品研发没有固定不变的组织模式，最重要的是如何利用有限的人力和物力资源，以最经济的方式开发出适合用户需求的产品。建立产品研发组织，对企业发展起到积极关键的作用，组织模式对企业内部的沟通和协调也十分重要。在研发流程基础上，企业需要组织产品研发人员，推进设计流程。建立产品研发组织的方法如下。

（一）通过建立个人之间的联系形成组织

（1）通过报告关系形成的组织：传统的上下级关系，这是组织结构图上最常见的正式关系。

（2）通过财务安排形成的组织：个体通过成为同一个财务系统关联人从而组织在一起。

（3）通过物理布局形成的组织：共享办公室、楼层、建筑或者场所而产生的联系，这种联系产生于工作中的自然接触。

（二）依据职能部门和项目之间的联系形成组织

职能在组织术语中指的是一个责任范围，通常涉及专业化的教育、培训或者经验，在产品研发中，传统的职能为市场营销、设计和制造，有时还包括市场研究、市场策略、盈利分析、工业设计、流程开发和运营管理。在产品研发中，项目就是围绕特定产品研发流程的一系列活动，如用户识别、生成产品概念等。产品研发组织可以分为职能式组织、矩阵式组织、项目式组织，其中矩阵式组织又可分为轻量级组织和重量级组织。表2-2总结了职能式组织、矩阵式组织、项目式组织的优缺点、适用行业及其存在的主要问题。

表2-2　产品研发与创新设计中不同产品研发组织的特点

分类	职能式组织	矩阵式组织		项目式组织
		轻量级组织	重量级组织	
优势	促进深度专业化和专业知识的发展	项目主要负责人清晰 保持专业化和专长的发展	项目组织的整合和速度较快 保留了职能式组织的部分专业化	可在项目团队范围内优化分配资源 可迅速地评估技术与市场
劣势	不同职能小组之间的合作缓慢	比非矩阵组织需要更多的管理者	—	个人专业能力方面会削弱
适用行业	定制化产品，如发动机、轴承、包装	传统的汽车行业、电子行业和航天企业	汽车、电子产品和航天企业中的新技术或者平台产品	创业企业、在市场中有竞争活力的企业
主要问题	如何将不同的职能如市场营销与设计整合在一起，以达到共同的目标	如何平衡职能与项目的关系	如何同时评估项目与职能的绩效	如何持续保持专业化 如何在项目之间分享经验和教训

第2节
产品研发与创新设计的机会识别

设计是一个不断创新的系统化过程，产品研发与创新设计师的工作不仅包括线性的探讨，还包括弹性的、多专业融合的架构，需要在各个阶段不断提出有创意的、可行性高的解决方案，这些解决方案也被视作产品研发与创新设计中的机会。

一、机会的概念

在产品研发的环境下，机会是指关于开发新产品的任何想法，如一个产品最初的描述、一种新的需求、一种新发现的技术，或者一个初步需求与可能解决的方案之间的联系。在产品研发初期，由于对未来情况不确定，可以将机会看作一种具有创造性的假设。

二、机会的类型

在产品研发与创新设计过程中，可按照所设计产品类别将研发的机会分为低风险类、相对无风险类和高风险类三种类型。

（一）低风险类机会

日用品的研发与创新设计属于低风险类机会，低风险类机会的特点是市场发展快、扩大快、变化快，并且已有产品开始降价，这样的机会研发风险相对较低（图2-8）。低风险类机会多从设计的外观入手，设计开发的成本也相对较低。

（二）相对无风险类机会

相对无风险类机会是指所设计的产品在推向市场时，其技术在原有基础上有一定的突破，但是技术跨度并不大，如App等服务系统（图2-9）。相对无风险类机会的特点是市场保有量充足，在原有技术上的迭代符合用户的需求且迭代速度很快。

图2-8 低风险类机会——日用品设计

图2-9 相对无风险类机会——App设计

（三）高风险类机会

高风险类机会是指在研发过程中需要攻关世界领先的技术，这样的机会风险最大，如汽车、飞机等复杂产品的开发（图2-10）。高风险类机会一般需要复杂系统来支撑设计与开发，投入的成本较高、开发周期较长。

图2-10　高风险类机会——汽车设计

三、机会的识别

机会识别的常见过程为确定章程—挖掘并探索大量机会方案—筛选机会方案—开发有前景的机会方案—选出最佳机会方案—对结果和过程进行反思。机会识别的过程常以反复的形式进行，目的是不断验证前期确定的章程是否可在后续的设计开发中得以明确和实现，其具体步骤如下。

（一）确立章程

企业研发新产品是为了达到一定的目标，如增加收益，填补生产线上的漏洞或进入新的市场等。在章程中，需要精准地表达出开发什么（What）、用什么渠道销售（Where）、什么时间推出产品（When）这三个问题。

（二）挖掘并探索大量机会方案

在不同行业中，一半的创新机会来自企业内部，而另一半则从用户及其他外部资料中识别，常见的机会来源于内部挖掘、顾客、竞争产品、销售人员、高校、独立发明人、分销商、其他合作公司、供应链等。

确定机会来源之后，挖掘机会方案可以采取依据个人兴趣、收集新需求列表、从能力中发现机会、研究客户群体等八个方面进行。

1　依据个人兴趣

列出用户的个人兴趣的方向，考虑新技术、市场趋势和商业趋势对这些方向有什么影响，或者识别出用户有哪些未能满足的需求。

2　收集新需求列表

用户通常能在产品使用过程中发觉不满或使用不便的地方，列出这些不满、困扰或者不便，然后从中挑出最普遍的问题，并努力设计解决方案，任何问题都蕴含着机会。

3　从能力中发现机会

如果产品公司期望通过开发独特资源以实现更高的收益，那么开发的产品必须满足有价值、稀有、独特、不可取代这四个特征，如苹果电脑的资源包括完美的工业设计、领导型的品牌以及忠实的用户群。

4 研究客户群体

机会可以通过对用户群体的研究进行识别，如能配合人类学或者消费者心理学的内容，则可以更好地理解用户的真正需求。

5 考虑市场趋势的影响

技术的发展、人口变化或社会法规的改变等都会产生新机会。

6 效仿和超越

可以效仿和研究一些创新能力较强的公司使用的媒体宣传和营销手段，如通过参加展会、追踪该公司专利申请情况等方式学习该公司的媒体宣传，并观察其活动流程。

7 引进具有地区特色的创新点

创新和改革都具有地区特色，如红牛能量饮料起源于泰国卡车司机的需求，星巴克的创始人正是在米兰感受到那个城市的咖啡文化。

8 挖掘外部资源

产品研发过程中的创新机会一半来自组织内部资源，另一半来自外部资源，如可以从领先用户、社交网络、大学和政府的研究机构或者采用线上问卷的形式获得相关的信息。

（三）筛选机会方案

筛选的目的是选出值得进一步研究的机会，在筛选过程中可以采用市场需求、技术可行性、战略目标等标准来判断。筛选的方法包括网上调查和研讨会投票。

（四）开发有前景的机会方案

在对机会进行初步判断之后，研发团队需要投入适当的资源开发一些有前景的机会，如用户拜访、已有产品测试、概念生成、早期产品原型机以及市场规模和增长预测。

（五）选出最佳机会方案

当产品研发进行到这个阶段的时候，大量的不确定机会已经被排除，可在一定程度上保证产品研发中的巨大投资获得回报。选择最佳机会方案可以采用 Real-Win-Worth（产品概念评估法）（RWW）表格，这个方法起源于美国明尼苏达矿业及机器制造公司（3M），后来被广泛使用。RWW 法概括出企业在筛选机会的时候需要回答下述三个层次的问题。

（1）是否存在真实的市场和真实的产品？

（2）企业是否可以盈利？产品和服务是否具有竞争力？

（3）是否值得开发？回报是否能够保证？风险是否可以接受？

以儿童玩具为例，设计 RWW 表格以用于机会的识别与分析，并通过问题回复情况对产品的研发进行自查，见表 2-3。

表2-3 RWW框架结构——以儿童玩具为例

问题层次	RWW框架结构——以儿童玩具为例
是否存在真实的市场和真实的产品	是否有市场需求？什么市场需求？在现有情况下是如何满足的
	会有消费者购买吗？市场规模多大？消费者决策的过程如何
	消费者愿意购买吗？预估收益是多少？预估市场需求量多大
	概念是否可以转化为产品
	产品在社会、法律以及环境层面是否符合要求
	产品是否能够制造出来？技术可行吗？是否能够满足要求
	现有的产品是否能够满足市场要求？相对其他产品有优势吗
	产品能在低成本投资的情况下制造出来吗
	产品可能的风险在用户承受的范围内吗？接受障碍有哪些
	结论
企业是否可以盈利产品和服务是否具有竞争力	产品有竞争优势吗？竞争优势可持续吗（性能、专利、进入市场壁垒、替代品及价格等）
	开发时机对吗
	产品和企业形象或者品牌风格符合吗
	竞争对手的价格是多少？是否有新的竞争者
	是否具有先进的资源
	是否具有能够取胜的管理能力
	是否和竞争者一样或比竞争者更加了解市场（消费者行为、渠道）
	结论
是否值得开发回报是否能够保证风险是否可以接受	产品会带来盈利吗
	是否有足够的资源和资金用于开发
	是否能够承受风险
	是否与企业战略一致
	总结

（六）对结果和过程进行反思

产品设计团队需要对前期工作进行复盘和反思，如有多少机会来自内部资源？有多少机会来自外部资源？是否考虑到了足够的机会？筛选的准则是否客观？

第3节
产品研发与创新设计的工作规划

在产品研发与创新设计中，新项目正式启动之前，必须做好产品研发与创新设计的工作规划，以免造成大量人力和物力资源的浪费，在产品规划过程中，需要首先回答如下问题。

问题一：从事什么产品的设计和开发？

问题二：研究什么产品的更新、平台或衍生品？

问题三：相关的产品是否可以成为一个项目组合？

问题四：项目的时间安排和顺序是如何设计的？

经过识别和筛选的机会需要由具体的研发团队负责，在产品研发工作开展之前，团队必须知晓各自的任务和分工，需要注意以下问题。

问题一：新产品的目标市场是什么？

问题二：新产品包含哪些新技术？

问题三：新产品制造或服务的目标和约束是什么？

问题四：新产品的财务目标是什么？

产品规划确定了企业将要开发的项目和产品进入市场的时间，规划流程要综合考虑由各种因素带来的产品研发机会，包括来自市场、研究部门、用户、已有产品研发团队的建议以及竞争对手的动向。如果不做好产品规划，可能出现如下问题。

（1）不能以有竞争力的产品占据目标市场份额。

（2）产品引入市场的时间安排不合理。

（3）开发能力与所从事的项目数量不匹配。

（4）资源分配不合理，包括人力资源和经济资源。

（5）构思错误的项目，最终取消项目。

（6）项目方向经常发生变动。

产品研发与创新设计的工作规划包括识别市场机会、项目评价与排序、确定资源及时间分配、完成项目前期规划四个方面。

一、识别市场机会

无论对个人还是公司来说，识别市场机会都是设计与创业的起点，当发现用户未被满足的需求、新型的消费群体、市场的新趋势、新的科技、新的工艺处理形式时，就出现了新的机会。一个好的市场机会必须满足两个条件，第一是在一定时间内，用户需求未被满足；第二是这个机会是能够被实现的。

二、项目评价与排序

项目评价与排序可以通过竞争策略的研究、市场细分的研究、S形曲线（S-Curve）、产品平台规划等方式进行。

（1）竞争策略的研究：包括技术的研究、成本的研究、用户消费心理的研究。

（2）市场细分的研究：如产品类型、消费者年龄段、市场所在城市等。

（3）S形曲线：多存于分类评定模型（Logic Model）、逻辑回归（Logistic Regression）模型，属于多重变数分析范畴，是社会学、心理学、市场营销学等统计实证分析的常用方法，通过S形曲线可以协助企业进行产品规划。

（4）产品平台规划：由一系列产品共享的一整套资产。一个有效的平台可以更快、更容易地制造出衍生品（图2-11），如App就是基于手机系统平台的产品。

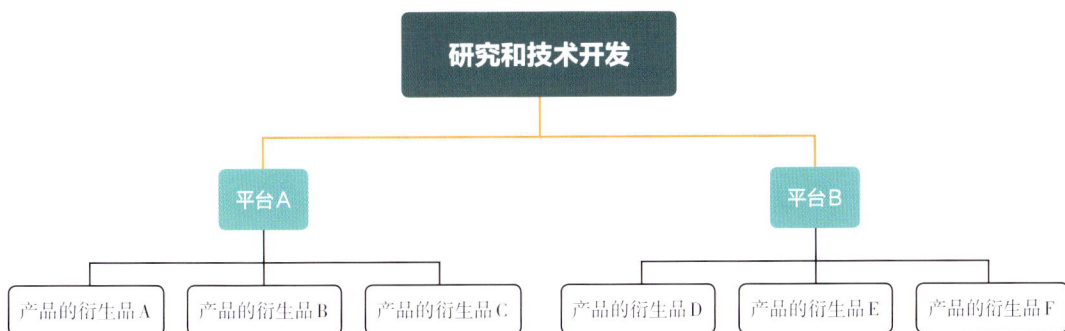

图2-11 平台与产品之间的关系

三、确定资源及时间分配

资源包括人员和资金，项目时间安排需要考虑到产品上市的时间、技术储备情况、市场营销准备情况、调研竞争对手情况。

四、完成项目前期规划

项目前期规划包括产品描述、收益方案、主要商业目标、一级市场或二级市场的规划和任务书，其中任务书包含主要商业目标、获益方案、对产品的概括性描述、设置产品研发工作的限制等信息。项目前期规划包含人员配置和其他前期规划活动，需要确定项目经理和开发成员，每个人的工作范围和职责，并积极对结果和过程进行反思和总结。

💡 思考练习题

1. 以"戴森"品牌为例，分解此品牌建设与开发的组织流程，并绘制其中两款产品的规划流程图，对应RWW表格自查，制作演示文稿（PPT）并进行汇报。

2. 以"美丽乡土"为主题，对学校所在地区民族文化代表性技艺进行系统调研，发现其中的设计机会，确定一种设计元素进行延伸设计，重点关注民族服饰的改良与创新，完成产品规划流程，对应RWW表格自查，制作PPT并进行汇报。

🔺 复习指导提纲

产品研发与创新设计的流程与规划是企业用于研发、设计或商业化一种产品的系列步骤，请根据本章理论内容，回答以下问题。

1. 产品研发与创新设计的流程具体包括哪些？
2. 什么是产品研发的机会？
3. 产品研发与创新设计中的工作规划主要起什么作用？
4. 产品研发与创新设计规划的具体操作步骤是什么？

第 3 章
用户研究

当代产品研发人员，除了需要了解技术、开发流程外，还需要深入地对用户进行研究。用户研究是一种理解用户，并将用户的目标、需求与产品宗旨相匹配的方法。用户研究的首要目的是帮助企业定义产品目标用户群、明确、细化产品概念，并通过对用户任务操作特性、知觉特性、认知特性的研究，使用户的实际需求成为产品设计的导向，进而使所设计研发的产品更符合用户的习惯、经验和期待。

课程名称：用户研究

课程内容：用户研究的要点
用户研究的流程
用户研究的方法

上课时数：8课时

训练目的：通过案例讲授如何进行用户研究，拓展学生的专业知识面和总体设计的思维定式，使之更好地进行产品研发与创新设计。

教学要求：1. 掌握用户研究的方法。
2. 能够灵活开展用户研究。
3. 能够系统地进行用户研究并对反馈信息进行归纳。

课前准备：深入思考用户研究的作用、掌握用户研究的方法。

课前引导：1. 产品研发与创新设计过程中为什么需要用户研究？
2. 用户研究的常用方法与流程是什么？
3. 用户研究能给产品带来新的创意吗？

第1节
用户研究的要点

在产品研发和创新设计之前对用户展开研究，可以有效节约成本、时间和资源，对于产品设计师而言，可以使团队知晓和理解用户，帮助实现产品迭代，对于用户而言，可以使产品更加贴近真实需求，更有用、易用、享用。

设计师在产品研发阶段通常会展开市场调研，充分的市场调研能够帮助设计师掌握用户的需求，但某些隐性需求或者用户难以表达的想法，是很难通过市场调研获取的，因为在进行市场调研的时候，常会发现调研对象并不能清晰地知晓自己的诉求，只有当某些困难被明确指出之后才会有所察觉，更有甚者，由于某些环境或其他因素的影响，调研对象在接受调研时表达的观点与他实际的行动背道而驰，可以通过传话游戏案例加以理解。

案例

传话游戏

邀请五个游戏者，让他们背对黑板站成一排，然后出题者在黑板上写一句话，确保游戏者看不见这句话的内容。接下来第一个游戏者转身默读黑板上的话，然后需要他在一分钟内将这句话转述给第二个游戏者，但在转述过程中不能发出任何声音，只能依靠肢体动作或面部表情来完成这一任务。接下来第二个游戏者要将他的所见所得按同样的规则转述给第三个游戏者，以此类推，直到第五个游戏者。在游戏过程中，除了第一个游戏者，其余四个人必须始终保持背对黑板的状态。第五个游戏者猜测黑板上的那句话，猜对了游戏者获胜，猜错了出题者获胜。

多数情况下，案例传达到第五个人的时候已经远远偏离第一个人的理解，同理，设计师虽然已经经过一系列的专业培训和设计思维训练，但是在对一款产品的认识上已经与普通的用户有了一定的差异，产生了同理心断层，由此可见，仅靠思考无法真实了解用户的所思所想，需要借助用户研究的系统方法来完成。

用户研究的关键是准确识别用户和用户的需求，找到精准的用户群体是用户研究的开端，而后针对这些用户，系统调研其对产品的需求。用户需求从类别上可以分为对产品的需求及对服务的需求，用户对产品的需求基本是与最终产品的"有用性"及"有效性"相联系。与产品需求相比，服务需求更具有情景适应性，这意味着企业通常很难对服务需求做出定量的描述，因此用户研究的要点可分为找准用户和准确识别用户需求两个部分。

一、找准用户

每一个用户都有相对应的特征，对精准用户进行分群分析，才能够保证设计和运营策略不会被打乱，或避免对用户造成重复触达，找到精准的用户群体是用户研究的第一步，如儿童家居的购买者和使用者就是不同的群体（图3-1）。

儿童家居的使用者和购买者、决策者常常不相同，同样，老年人产品的使用者与购买者也常不相同，在识别用户需求时，需要密切关注并找准真正的使用者。

图3-1 儿童家居 米兰设计工作室（Design Libero）设计

二、识别用户需求

了解用户的生活情境与行为，才能提出有效的解决方案，要了解用户的真实想法及产品使用习惯，仅靠询问是不够的，更应该关注的是用户的经验，在情景与现实生活中，用户会与哪些人、哪些工具和哪些环境互动，会依照什么顺序进行，以及做这些事情的动机缘由，可参考用户洞察案例来理解。

案例

用户洞察

以"钻孔机"为例，用户想要一个孔，于是购买了一个钻孔机，但是用户要买的目的是孔，而不是钻孔机，如果有别的更方便、更低廉的方法打出孔，用户就不一定买钻孔机了。在用户的"Want"和"Need"之间有着本质区别，对于设计师和企业来说，都需要通过洞察，从客观事实里去发现用户真实的需求，设计师需要确认真实的用户需求，打造产品的市场，企业需要确认真实的用户需求，去丰富更多的营销方式。

通过用户洞察案例可见，用户洞察就是为了能够避免主观上的思考和一些表面的认知，从而发现背后真正的问题，用户洞察强调在实际环境中研究用户行为、挖掘用户潜在需求与设计契机的研究方式，在识别用户需求的过程中，可以采取以下方式进行辅助。

（一）善用脉络的力量

用户洞察带来的信息增量价值，从最终业务落地的角度来看，可以分为战略、战术、应用三个层面（图3-2）。

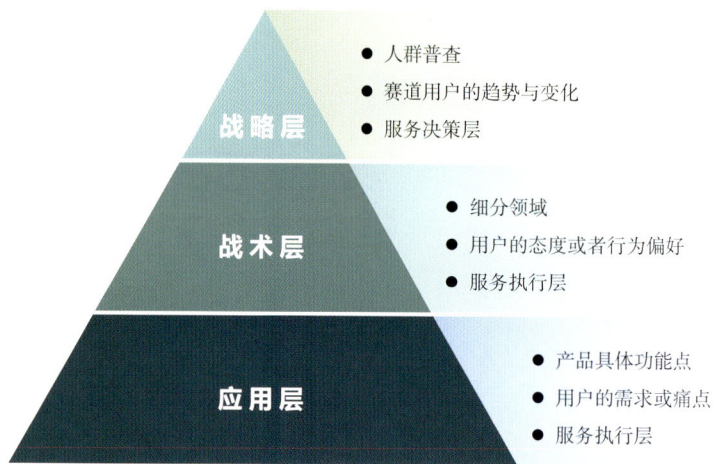

战略层
- 人群普查
- 赛道用户的趋势与变化
- 服务决策层

战术层
- 细分领域
- 用户的态度或者行为偏好
- 服务执行层

应用层
- 产品具体功能点
- 用户的需求或痛点
- 服务执行层

图3-2 用户洞察价值"分层论"

（二）感受用户的行为

从用户体验角度来说，感受用户行为即抛开产品的有用性和可用性，假设产品核心功能在市场上是有用的且可以设计出来的，在感性地体会用户行为的过程中，需要注意以下几点。

1 顺应用户的潜意识

弗洛伊德认为真正的潜意识指的是那些很难被人觉察的心理活动，潜意识形成于人类童年时期，此时期人们还没有建立意识和防御去辨别，这时的观念就会直接进入人的潜意识，成为人最内在感知、最本能情绪的一部分。顺应用户的潜意识有两种方式，第一种是最初的外界灌输，类似一个刚出厂的手机没有安装任何App，此时用户还没有建立意识去辨别、去防御，所以接触到的很多观念就直接进入潜意识中，成为用户最内在的感知。第二种是"绕过防御"，是将某种观念写入用户的潜意识，如重复就是一种很有效的方法，最终目标是当用户听到某种观念的时候无须基于意识做选择，而天然地认为它是对的。

2 从潜意识到行为

用户在使用产品的过程中，早期形成的潜意识会指导他们做出下列行为，第一是本能行为。其是指具有遗传性的复杂行为反射，是神经系统对外界刺激所作出的先天的正确反应，作为潜意识行为的重要组成部分，本能行为包括眨眼睛、呼吸等动作。第二是后天学习行为。其指通过后天学习不断重复，形成了所谓"机械性"的潜意识行为，比如，某些年长的钢琴家将手放在桌子上时，会不自主地颤动手指，这种行为有一定的应激性，而钢琴家如果不将双手放在与钢琴琴键相似的地方，手指则不会颤动，可见激发这种学习行为需要有——触发器（trigger），产品设计中为用户营造激发潜意识的场景，也是重点之一，善于利用用户的潜意识行为才是营造良好用户体验的重点。

3 识别潜在的用户需求

潜在的用户需求是尚未被大多数用户认识但又切实存在的需求，如果能实现潜在的需求，那么用户的满意度将大幅提高。如2000年之前的手机都没有拍照的功能，大多数用户不知道用手机拍照，但是这种需求是真实存在的，并且成为产品的重要特征，到2010年，几乎所有的手机都能实现拍照这一功能（图3-3）。

通过上述案例可见，用户的潜在需求一旦成功实现，就会被广泛使用，并成为必不可少的功能之一。

图3-3 手机的摄像功能是潜在用户需求的代表范例

第2节 用户研究的流程

用户研究是产品研发与创新设计中不可或缺的一部分，以用户需求来指导团队开发产品规格、创建产品概念，有着重要的奠基作用。用户研究是一个流程，可以尝试收集、理解、组织、分级、反思这五个步骤，每个步骤需要具体执行的工作包括从用户处收集原始数据、从用户需求角度理解原始数据等工作。

以家用热水器为例，在开发任务之前，企业一般会识别出特殊的市场机会，并列举大量的限制条件和项目目标，这些信息形成任务书，或称为设计概要（表3-1），任务书指明了任务的方向，但通常不会指明精准的目标或者具体的前行方向。

表3-1 产品研发与创新设计任务书——家用热水器项目

观测点	具体描述
产品描述	家用热水器
效益描述	简单实用、吸引用户、节约能源
关键商业目标	产品在2023年第四季度投放市场 50%的毛利率 到2024年，在家用热水器市场占据10%的市场份额
主要市场	普通的居民消费者
次要市场	做家庭装修的暖气、通风、空调承包商
预设	替代现有的家用热水器 与现有的大多数系统和线路兼容
设计开发相关者	用户、零售商、销售人员、服务中心、生产制造、法律部门

热水器这类产品的市场普及率高，尤其适合前期对用户进行研究之后再进行研发，无论是对现有产品的改进还是推出颠覆性的全新产品，其都是为了给用户带来舒适安全的使用感受。

第3节
用户研究的方法

常见的用户研究方法包括用户访谈、焦点小组、卡片分类、可用性测试等，用户研究中不同研究方法适用于不同的产品阶段，解决不同的问题，见表3-2。

表3-2 用户研究方法与问题对应表

产品阶段	解决问题	问题描述	研究方法
开发前规划期	需求分析	基础人群研究 用户画像研究 目标用户群体 产品使用痛点 急需解决的功能	用户访谈 焦点小组 卡片分类
开发中	产品评估	产品的可用性 产品的体验感 产品设计	可用性测试 专家评估 眼动实验
上线后	行为分析	用户类型 分层用户研究 用户使用流程 用户使用的有效性和效率 产品使用问题 用户满意度	问卷调查 用户反馈 日志研究
迭代期	追踪优化	使用流量 用户行为路径 新功能需求	后台数据分析 A/B测试

用户研究主要可以分为定性研究和定量研究两种，定性研究解决"为什么？"这一问题，研究用户的观点或者态度，进一步探讨用户出现不同行为特征的原因，方法主要包括用户访谈、可用性测试、焦点小组；定量研究解决"是什么？"这一问题，强调实证性、明确性和客观性，基于大样本的数据研究，方法包括问卷调查、后台数据分析、A/B测试，用户研究中定性研究与定量研究的区别与适用性见表3-3。

表3-3 用户研究中定性研究与定量研究的适用性分析表

观测点	定性研究	定量研究
样本量	小样本、典型用户	大样本、随机用户
关键词	为什么、怎么样	多少、多大
研究内容	原因、动机、价值观、理解、感受、思考过程	渗透率、认知率、使用率、市场规模、目标客户群体、目标客户群
关系	探索	验证

用户研究常见的方法有用户访谈、焦点小组、问卷调查、用户模型、用户画像、用户旅程图、可用性测试等。

一、用户访谈

用户访谈（user interview）的主要目的在于"发现"，可以通过用户访谈了解用户的基本行为模式，界定产品体验的要点，挖掘深层次的用户需求。用户访谈可以根据用户的行为、需求特征，为产品概念提供设计方向，可以了解目前产品的用户行为及态度，挖掘用户的需求，用户访谈的流程如下。

（一）需求确认

收集产品、运营、设计方的需求信息，归类汇总，确定调研的主要内容。用户访谈涵盖的主题包括被访人的背景资料、一般使用技术或流程、产品的用途、用户的主要目标和动机、用户的痛点。

（二）方案设计

在访谈之初，需要制订调研的方案或者访谈提纲，明确调研的步骤，确定访谈的提纲，拟定用户招募条件。在招募用户时，可以运用一些简单的方式，如通过朋友介绍、网站招聘、网络征集、会员资料库、专业调查公司等渠道获得名单。招募时研究团队要制作招募表格，并表明调查目的、被测者条件、研究方法与时间、地点、报酬等，此外还要注意性别、年龄、经济水平、地域、文化等因素的平均分布，用户访谈提纲范例见表3-4。

表3-4 用户访谈提纲

阶段目标	使用场景	谈话内容示例
寒暄暖场	自我介绍	您好，我是来自××部门技术研发中心的产品设计师××，很高兴邀请您参加本次××××相关的调研

续表

阶段目标	使用场景	谈话内容示例
寒暄暖场	背景介绍	发起本次调研主要是想了解您平常在使用××产品过程中遇到的一些具体的问题，帮助我们对产品更好地进行优化
	传达价值与赞赏	您的答案没有正确错误之分，只要您觉得不太好的地方都可以指出来，我们会认真听取
	建立信任	针对本次调研，我需要进行录屏记录，便于后续的整理总结，希望您可以接受
带入场景	工作背景	您可以介绍您日常的工作职责和工作内容吗
	使用场景及情况	请问您会经常使用××产品吗 具体是什么情况下需要使用 是每天都会用吗 那一天会使用多少次呢
	切入场景	您最近一次使用×××产品是什么时候呢
演示使用流程	使用行为演示	您可以给我演示一下您是怎么使用的吗
	讲述行为	您在演示的时候能告诉我为什么需要点击/看这里吗 对此产品的使用有什么帮助吗
	诉说问题	在演示过程中您觉得不好用的地方是什么呢
洞察问题	发现问题	刚刚您一直在滑上滑下对吗（具体问题视情况而定）
	询问问题	您刚刚为什么会一直滑上滑下呢（具体问题视情况而定）
结束语	表示感谢	非常感谢您能抽出时间参加访谈，您反馈的问题我们会认真记录

（三）访谈执行

参与人员包括主持人、用户、记录员、观察员，为避免被测者因配合调查而隐藏自己真实的意图和想法，从而影响调查的真实性，被访谈者在填写表格后，研究人员需要进行筛选，确认真实性和判断招募的有效性。与领先用户和极端用户访谈可以更有效地识别用户需求，领先用户指的是那些在产品普及之前就数月或者数年有体验需求并能从产品创新中大幅受益的用户，极端用户是那些不以寻常方式使用产品的用户，如视力不好或者行动不便的人。这些用户的数据能够带来的好处在于他们可以清楚地阐述新的需求，并且他们可能已经找到了满足自身需求的办法。

（四）数据处理

将访谈获取的大量信息整合分类，规律有序地展示数据内容。

（五）分析建议

在对数据进行系统分析之后，输出访谈调研报告。用户访谈往往提供定性数据而不是定量数据，汇总访谈结果可以采用思维导图或者书面报告的形式，思维导图有趣且易于理解，书面报告需要尽量展示关键数据，把次要的东西都放在附录中。除此之外，还可以给被访谈者演示一下产品的使用流程，并设置一些如下轻松的、开放性的问题。

（1）被访谈者在何时何地以及为何使用这种产品？

（2）被访谈者喜欢这款产品的哪个特点？

（3）被访谈者不喜欢该产品的哪个特点/功能？

（4）当购买这款产品时，被访谈者考虑了哪些问题？

（5）被访谈者希望对产品做哪些改进？

用户访谈与其他用户研究方法的关键区别在于：用户访谈发生在真实场景中，不是简单的访谈，也不是简单的观察，有点像传统访谈和人种志观察的混合，需要研究者观察用户如何执行任务，并且让用户在行动时谈论他们正在做的事情。

用户访谈的最后一步就是对结果和过程进行反思，可以通过以下问题进行反思。

（1）是否与目标市场上主要用户都进行了交流？

（2）为了捕捉目标用户的潜在需求，可以找到现有产品相关需求之外的需求吗？

（3）在跟踪访谈或调查中，是否存在着应该继续探究的领域？

（4）在与访谈者交流的过程中，哪些是访谈开始时研发团队不知道的？

（5）访谈者是否对访谈出的某些需求感到惊讶？

（6）设计师该如何完善未来设计活动的流程？

（7）用户访谈将会在整个设计中起到什么样的作用？

二、焦点小组

焦点小组（focus group）是社会科学研究中常用的质性研究方法，一般由一个经过研究训练的调查者主持，采用半结构方式（即预先设定部分访谈问题的方式），与一组被调查者交谈，组员人数可控制在8~10人。焦点小组访谈的主要目的是倾听被调查者对研究问题的看法，被调查者选自研究的总体人群，焦点小组的主要流程如下。

（一）筛选被访者

在筛选被访者的过程中，首先需要注意成员的多样性，可以初步从消费习惯和态度入手进行筛选。

（二）设定结构化访谈提纲

访谈开始之前，需要设定固定的问题、顺序，主持人负责尽量让每一个被访者在每个问题上发挥观点，但是主持人不可参与讨论、不能发表观点，也不能诱导被访者。焦点小组是一种高度开放的活动，但是活动发起人要确定哪些问题需要回答，然后提炼问题，以保证活动过程不偏离主题。提纲包含问题贯穿活动始终的流程，提纲一般的内容包括：时间、地点、主题、研究目标、自我介绍、热身活动、具体问题及结束。

（三）访谈执行

在1~2小时内尽可能多地收集信息，主持人应时刻注意话题的方向和内容。在焦点小组访谈中，主持人有意识地探索、提示、停顿和检查是一些有用的策略，能够进一步激发被访者展现需求，其具体的应用见表3-5。

表3-5　焦点小组主持人策略与说明

策略	说明
探索	对一些不确定的问题的追问
提示	必要时给参与者一些反馈，如点头，或"嗯"，但不要引入个人情绪，避免形成诱导
停顿	可以给参与者足够的思考时间
检查	在不确定自己的理解是否正确的时候，进行检查，如"我可以这样理解吗……"

（四）数据输出

在焦点小组访谈结束后，立即进行汇总，汇总的要点是：回顾活动中的问题，调研的关键点、启发、有意想不到的结果吗、有哪些不明确的地方等。同时输出记录员的笔记、观察员的笔记、视频、参与者的笔记、音频视频转录文件等。焦点小组与用户访谈的区别在于焦点小组是"群体动力"而不是"群体访谈"，焦点小组中参与者之间的互动作用可以激发新的思考和线索。

三、问卷调查

问卷调查（questionnaire survey）是指通过制定详细周密的问卷，要求被调查者据此进行回答以收集资料的方法。问卷是一组与研究目标有关的问题，或者说是一份为进行调查而编制的问题表格，又称调查表。问卷调查是人们在社会调查研究活动中用来收集资料的一种常用工具，调研人员借助这一工具对社会活动过程进行准确、具体的测定，并应用社会学统计方法，进行量的描述和分析，获取所需要的调查资料。

问卷调查属于定量研究的方法，其主要目的在于"验证体验"，可以通过大样本数据对产品的功能做验证、评估用户的满意度、做用户画像等，其主要目标包括了解用户基本人口统计学特征，了解用户对产品的基本使用目的、行为、偏好等，了解用户对产品的满意程度。问卷调查具体的流程包括需求确认、问卷设计、投放回收、问卷分析。

（一）需求确认

确认调研目标、优先级和重要程度，拆分需求内容，分阶段开始调研工作。

（二）问卷设计

设计问卷结构、问题和答案，避免诱导，问题选项尽可能中立，不要诱导用户进行选择；使用通俗的语言，问卷的问题及其选项应尽量通俗易懂，避免使用专业词汇；避免使用双重否定的句子结构，避免使用长而复杂的复合句；不要假定被访者的行为；选项设置尽可能量化，而不用主观描述；避免敏感问题、避免问题含糊不清、避免产生歧义；问句措辞必须追求具体，以做到标准统一搜集用户和产品信息。问卷设计的原则如下。

（1）样本量设置：取决于用户总量和误差容忍度，百万级以上的用户量，调研样本需要1000份以上，需要保持随机取样及样本配比。

（2）题量设置：控制在30题以内，普遍20题以内，答题时间控制在5 min以内，题量较大的时候做好逻辑和分页。

（3）问卷题目设置：在问卷调查具体问题的设置时，需要注意题目的类型，不同题目类型设计问题的方法见表3-6。

表3-6 问卷调查题目设计原则及示例表

题目类型	设计原则及特点	示例
多项选择题	选择题有两个或者两个以上的答案选项 适用于所有类型的反馈，答案可以是"是/否"，或者多选 不要出现漏答案选项，或使用不相互排斥的答案选项	示例1： 您是在校大学生吗？ □是 □否 示例2： 在过去的一个月中，您购买了几次奶茶产品？ □没有 □一次 □两次 □三次 □三次以上 □不知道/不确定
等级顺序问题	根据特性对潜在答案选项进行排序的问题 有助于了解产品对用户的重要性 比较适合纸质调查，不适合电话调查	示例： 在与我们互动的时候，请按照对您最重要到最不重要的顺序排列以下客户服务因素 □呼叫等待时间 □呼叫保持时间 □代表的客户服务技能 □代表的知识技能 □问题的解决

续表

题目类型	设计原则及特点	示例
观点评定问题	参与者通常会被问及是否同意某项陈述 回答通常从"非常不同意"到"非常同意" 对于分级问题，需要设置一个"中性"类别	示例： "新推出的××饮料口味比较有吸引力"，对此您认为? □强烈反对 □不同意 □既不同意也不反对 □同意 □非常同意
程度辨析问题	有助于确定态度、观点、知识或者流行程度 答案选项使用有对比的陈述来辨析不同的程度 标度可以变化，但是通常使用五点至七点	示例： 您是如何描述我们的导航系统的? □很难导航 □有点难 □既不困难也不容易 □比较容易 □非常容易导航
开放式问题	没有指定的答案选项 利于手机参与者的态度或者观点 开放式问题难以自动化	示例： 对于我们产品的体验，您有哪些改善的方法建议?

（三）投放回收

确定问卷投放位置、投放平台，达到一定数量后进行问卷的回收。

（四）问卷分析

根据问卷信息进行汇总和梳理，目前有很多软件提供问卷设计、发放、信息汇总成图表的服务。

问卷调查可以根据载体的不同，分为纸质问卷和网络问卷两种，纸质问卷是传统的问卷调查，调查公司可以雇用人员来进行问卷的分发和回收；网络问卷是依靠一些在线网络或者软件进行问卷的设计、发放与信息汇总，网络问卷无地域限制，成本相对低廉，但是问卷的质量无法得到保证。

四、用户模型

用户模型（user model）就是虚构的一个用户，用来代表一个用户群。一个用户模型的资料有性别、年龄、收入、地域、情感等信息，一个产品通常会设计3~6个用户模型代表所有的用户群体（图3-4）。

消费人群详解图1

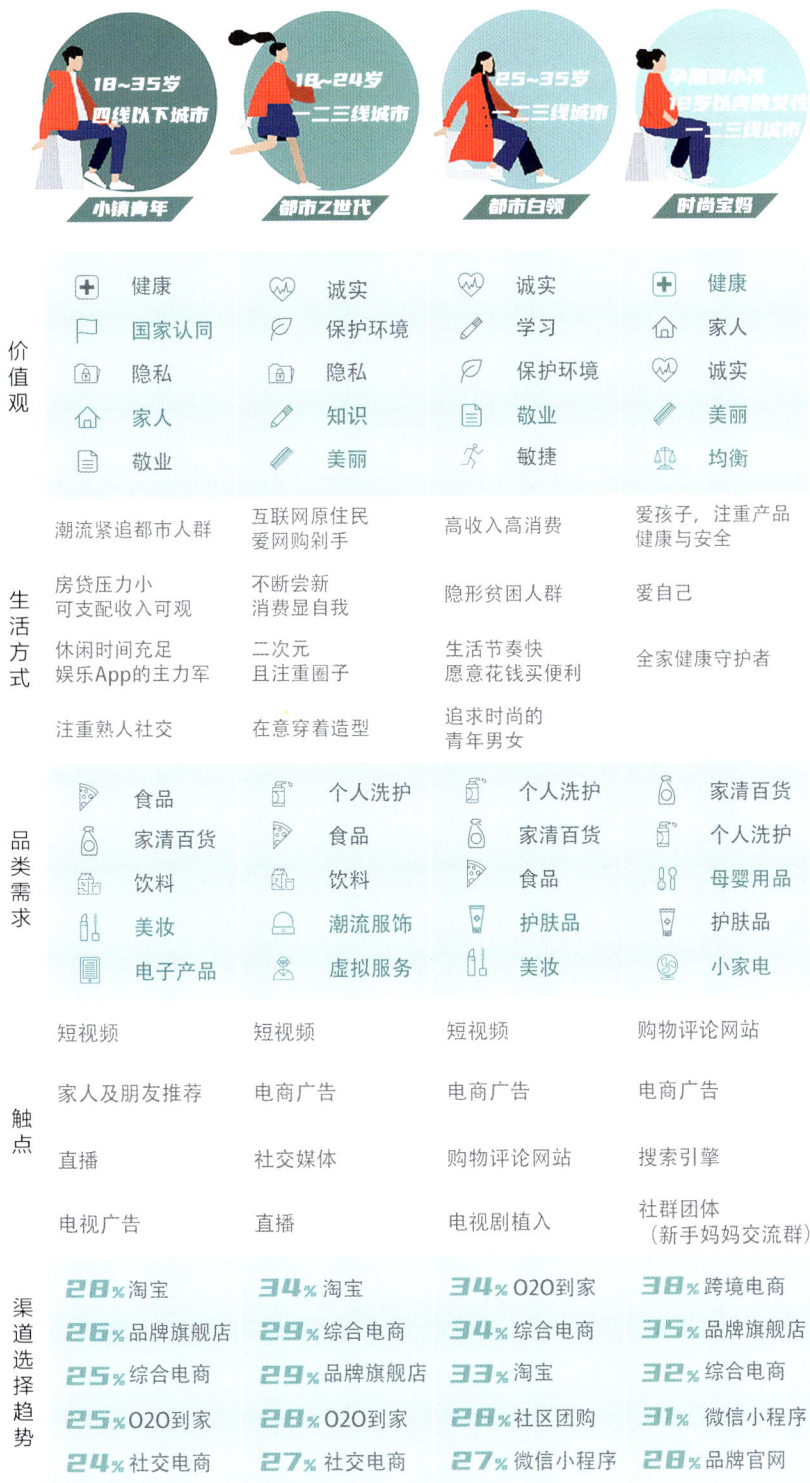

	小镇青年	都市Z世代	都市白领	时尚宝妈
	18~35岁 四线以下城市	18~24岁 一二三线城市	25~35岁 一二三线城市	孕期到小孩 七岁以内的发育 一二三线城市
价值观	健康 国家认同 隐私 家人 敬业	诚实 保护环境 隐私 知识 美丽	诚实 学习 保护环境 敬业 敏捷	健康 家人 诚实 美丽 均衡
生活方式	潮流紧追都市人群 房贷压力小 可支配收入可观 休闲时间充足 娱乐App的主力军 注重熟人社交	互联网原住民 爱网购剁手 不断尝新 消费显自我 二次元 且注重圈子 在意穿着造型	高收入高消费 隐形贫困人群 生活节奏快 愿意花钱买便利 追求时尚的 青年男女	爱孩子，注重产品 健康与安全 爱自己 全家健康守护者
品类需求	食品 家清百货 饮料 美妆 电子产品	个人洗护 食品 饮料 潮流服饰 虚拟服务	个人洗护 家清百货 食品 护肤品 美妆	家清百货 个人洗护 母婴用品 护肤品 小家电
触点	短视频 家人及朋友推荐 直播 电视广告	短视频 电商广告 社交媒体 直播	短视频 电商广告 购物评论网站 电视剧植入	购物评论网站 电商广告 搜索引擎 社群团体 （新手妈妈交流群）
渠道选择趋势	28% 淘宝 26% 品牌旗舰店 25% 综合电商 25% O2O到家 24% 社交电商	34% 淘宝 29% 综合电商 29% 品牌旗舰店 28% O2O到家 27% 社交电商	34% O2O到家 34% 综合电商 33% 淘宝 28% 社区团购 27% 微信小程序	38% 跨境电商 35% 品牌旗舰店 32% 综合电商 31% 微信小程序 28% 品牌官网

图3-4

消费人群详解图2

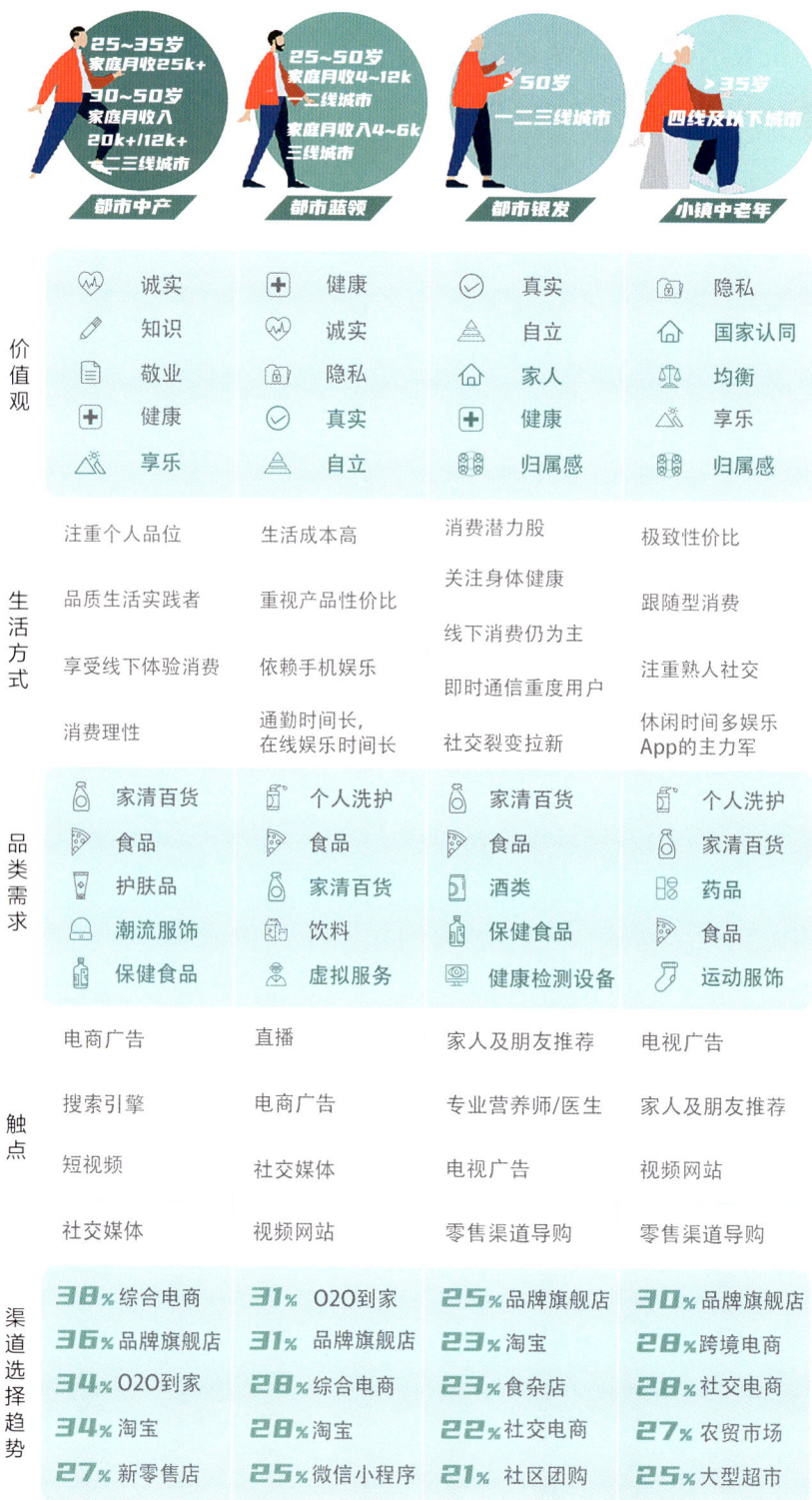

	都市中产	都市蓝领	都市银发	小镇中老年
	25~35岁 家庭月收25k+ 30~50岁 家庭月收入 20k+/12k+ 一二三线城市	25~50岁 家庭月收4~12k 二线城市 家庭月收入4~6k 三线城市	>50岁 一二三线城市	>35岁 四线及以下城市
价值观	诚实 知识 敬业 健康 享乐	健康 诚实 隐私 真实 自立	真实 自立 家人 健康 归属感	隐私 国家认同 均衡 享乐 归属感
生活方式	注重个人品位 品质生活实践者 享受线下体验消费 消费理性	生活成本高 重视产品性价比 依赖手机娱乐 通勤时间长, 在线娱乐时间长	消费潜力股 关注身体健康 线下消费仍为主 即时通信重度用户 社交裂变拉新	极致性价比 跟随型消费 注重熟人社交 休闲时间多娱乐 App的主力军
品类需求	家清百货 食品 护肤品 潮流服饰 保健食品	个人洗护 食品 家清百货 饮料 虚拟服务	家清百货 食品 酒类 保健食品 健康检测设备	个人洗护 家清百货 药品 食品 运动服饰
触点	电商广告 搜索引擎 短视频 社交媒体	直播 电商广告 社交媒体 视频网站	家人及朋友推荐 专业营养师/医生 电视广告 零售渠道导购	电视广告 家人及朋友推荐 视频网站 零售渠道导购
渠道选择趋势	38% 综合电商 36% 品牌旗舰店 34% O2O到家 34% 淘宝 27% 新零售店	31% O2O到家 31% 品牌旗舰店 28% 综合电商 28% 淘宝 25% 微信小程序	25% 品牌旗舰店 23% 淘宝 23% 食杂店 22% 社交电商 21% 社区团购	30% 品牌旗舰店 28% 跨境电商 28% 社交电商 27% 农贸市场 25% 大型超市

图3-4 常见用户模型 薛涪丹绘制（西北大学）

（一）构建用户模型的方法

（1）需要梳理产品及运营的需求，明白做这个用户模型的目的是什么？需要解决什么问题？例如，需要了解产品新用户对产品的总体使用情况，解决产品设计及运营中对新用户引导的问题。

（2）需要确定对哪个产品/功能/平台/业务线建立用户模型，不同类型的产品用户模型的构建是不一样的。例如，产品是手机社交软件，需要类似于微信朋友圈功能，该如何设置用户模型？

（3）梳理产品、功能、平台、业务线的数据，通常这些数据需要包括用户所在的地域、行为、兴趣等，还应包括产品的相关数据。

（4）需要对数据敏感，因为定义好的用户模型是一张数据表的形式，要从数据中把关系和逻辑抽丝剥茧地找出来。

（5）基于数据表开始搭建用户模型。例如，通过梳理以上数据，尝试搭建用户模型，如新用户的年龄分布在20～25岁，好友数大于10个，如用户地域这个因子对新用户的影响较小，则后续产品及运营可以不做重点引导。

用户模型分类有助于产品设计者清晰地了解目标用户，从而有力地帮助产品的研发和运营，可以分别从人群属性、价值观、生活方式、品类需求、触点、渠道几个方面进行分类。

（二）用户模型的作用

用户模型协助研究者理解用户需求、执行特定工作，成为掌握各个角色所在位置与主要互动对象的重要参考；用户模型代表用户为了完成任务而发生沟通与合作，可描绘出整个事件过程中主要接触、互动与沟通的对象，如人员、地点等，也可以找出沟通的方式，如微信、QQ、E-mail及沟通的内容等；用户模型将整体接触与互动的过程，简化成简单易懂的模型，协助研究者迅速、清楚地了解用户在此事件内所从事的任务，以及与谁进行沟通、沟通的内容等。

五、用户画像

用户画像（personas）的概念最早是艾伦·库珀（Alan Cooper）在20世纪80年代提出，现在用户画像用于优化各种产品的体验，成为产品设计必须利用的策略之一。

（一）用户画像的定义

用户画像是基于用户的属性、偏好、生活习惯、行为等信息而抽象出来的标签化用户模型，通过对用户信息分析而得出的高度精练的特征标识，通过用户画像，设计师可以利用一些高度概括、容易理解的特征来描述用户，可以让人更容易理解用户。

设计师通过用户研究来开始设计过程，与目标用户建立同理心，明确用户对产品的需求，用户画像是对现实世界中用户的建模，包含目标、方式、组织、标准和验证这五个方面，见表3-7。

表3-7　用户画像包含的板块及说明表

板块	细分说明
目标	描述人、认识人、了解人、理解人
方式	非形式化手段：文字、语音、图像、视频 形式化手段
组织	结构化、半结构化
标准	常识、共识、知识体系
验证	依据、事实、推理过程 检验

在以用户为中心的设计过程中，用户画像是一个关键的环节，因为它定义了期望、关注点和动机，其作用在于可以描绘出有关性别、年龄等生活资料，可以深入了解理想用户与产品互动时的心理，可以帮助团队理解如何满足用户需求。

（二）用户画像的作用

了解使用该产品的用户是产品成功设计的前提，在互联网、电商领域，用户画像通常被用来作为精准营销、推进系统的基础性工作，其作用及具体的工作内容见表3-8。

表3-8　用户画像的作用及工作内容表

用户画像的作用	具体工作内容说明
精准营销	根据历史用户特征，分析产品的潜在用户和用户的潜在需求 针对特定群体、利用短信、邮件等方式进行营销
用户统计	根据用户的属性、行为特征，对用户进行分类 统计不同特征下的用户数量、分布 分析不同用户画像群体的分布特征
数据挖掘	以用户画像为基础，构建推荐系统、搜索引擎、广告投放系统，提升服务的精准度
服务产品	对产品进行用户画像 对产品进行受众分析 更透彻地理解用户使用产品的心理动机和行为习惯 完善产品运营，提升服务精准度
行业报告/用户研究	通过用户画像分析，可以了解行业动态，如人群消费习惯、消费偏好分析、不同地域品类消费差异分析

用户画像的使用场景广泛，可以用来挖掘用户兴趣、偏好、人口统计学特征，主要目的是提升营销精准度、推荐匹配度，终极目的是提升产品服务，起到提升企业利润的作用。

用户画像适用于产品研发的各个周期，从新用户的引流到潜在用户的挖掘、从老用户的培养到流失用户的回流等，用户画像对企业的业务经营分析、收入分析、竞争分析及用户维护都有着重要的意义。

（三）用户画像的三种类型

1 基于角色的用户画像

这种画像类型使用定性和定量数据来定义观点，考虑在设计过程中用户扮演的角色，使用这些信息来帮助产品设计，在创建这类用户画像时，会考虑用户的职责、业务目标和功能。

2 基于目标的用户画像

通常这类用户画像是围绕用户想对正在开发的产品做什么而设计，使用关于用户角色的定义，可以根据特定的交互需求对设计流程进行微调和定制。

3 基于行动的用户画像

这类画像将前面的角色和目标结合在一起，如果考虑更多的元素，例如，他们的感觉、背景或兴趣，可以创建一个更真实、更全面的用户形象，人物角色越真实，越容易迎合他们的感知和需求。

（四）创建用户画像的流程

用户画像由用户资料和使用场景两个方面组成，其具体流程见表3-9。

表3-9 用户画像的流程与具体工作表

流程	说明	具体内容
搜集用户资料	为画像增加真实感在探索用户需求和目标时增强同理心	个人背景：年龄、性别、教育程度、家庭情况等 专业特征：职业、收入、兴趣、爱好等 心理特征：需求、动机、愿望等
明确使用场景	场景能提高用户画像的有效性	提出一个问题或情况 描述用户对问题的反应 定义产品在场景中的作用：用户如何与产品交互，用户为什么使用产品，目标是什么
创建用户画像	根据用户资料进行归类与梳理，形成特定的用户群体	数据收集：尽可能多地收集关于用户的信息和知识 提出假设：根据第一步中收集的数据，创建各类用户普遍的状态，包括用户之间的差异 场景描述：描述可能触发产品使用的情况，场景将用于更好地想象用户与产品的交互 角色描述：准备典型用户的简要描述，关注用户的需求、动机、愿望和价值观 选择3~6个用户画像：理想的用户数量是有限的，在这个阶段选择3~6个最能代表典型用户的描述
传播用户画像	以使团队对用户有统一的理解	产品设计部门 产品营销部门 产品生产部门

用户画像范例如图3-5所示。

Nicole

基本情况
年龄：32岁
职业：护士
家庭状态：和她的双胞胎女儿在一起
爱好：户外旅行；烹饪；冥想；瑜伽

社交情况
朋友来自：童年；大学；学院
社交网络：FaceBook；Youtube

梦想
组建家庭；想要更加自由的工作

问题
休息时间短；忙碌和压力大

需要
寻找时间照顾家庭

她喜欢什么？
有机食物；自由时间

她不喜欢什么？
洗碗

图3-5　用户画像　设计者：边敬楠

用户画像在整个产品研发周期中都能起到作用，它是快速识别用户需求的常用方法，是在现实生活中找到理想用户的关键，同时每个画像都需要足够的细节来支撑，确保每个人物角色都是具体和现实的。

六、用户旅程图

用户旅程图（user journey mapping），又被称作用户体验地图（user experience map），是从用户视角分析，并将用户在每个阶段的体验可视化，让产品的设计参与者、决策者对用户的体验有更为直观的印象。

（一）用户旅程图的定义

用户旅程图是通过头脑风暴及共创的方式展开设计活动的工具，它可将某种服务或某个服务系统中的利益相关者集合在一起，一同创意设计与服务的概念，并在共创的过程中评估每个接触点的可行性、限制条件和可使用资源。用户旅程图可以为设计体验提供直观而生动的视觉呈现，提供一个全盘的视角，让设计师了解整个项目的情况，用户的关键触点在用户旅程图上都一目了然，可以清楚地展示出每个关键触点的人、行为、情绪，从而更清晰地了解用户的需求是否被满足。

（二）用户旅程图的组成要素

用户旅程图包括的内容主要由目标用户画像、目标需求、场景阶段、机会点、感受思考、行为触点、痛点或满意点、情绪曲线等八个要素组成。用户旅程图八个要素的组成关系如图3-6所示。

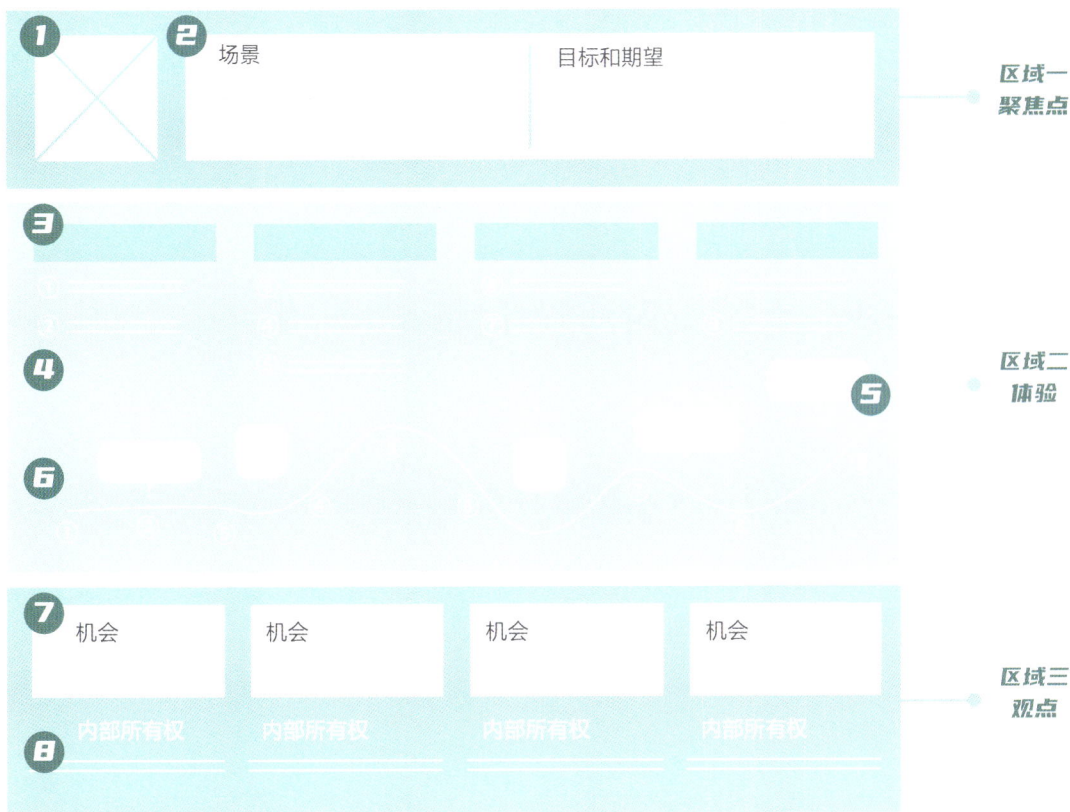

图3-6　用户旅程图的组成关系

1—目标用户画像　2—目标需求　3—场景阶段　4—行为触点　5—感受思考　6—情绪曲线　7—痛点或满意点
8—机会点

（三）创建用户旅程图的步骤

用户旅程图的创建主要分为以下四个步骤。

1　列出服务的触点

定义触点可以用很多方式进行，如与用户面对面访谈，记录用户在体验服务或者提供服务中所接触的关键流程，记录用户的答案并转化成易于理解的短句，也可通过录音、录像等方式保留受访者原始的回答，还可以通过设计者对整项服务的感受来找出服务的触点。

2　确定触点的位置

定义好触点后，就可以把触点写在纸上，并用连线的方式把触点之间的关系厘清，并在触点上补充一些必要的说明，例如，参与该触点的场景、人物、参与者的情绪等，由于触点是基于场景和人物的，所以场景需要描述清楚，人物可用角色模型来描述。

3　绘制关键人物地图

关键人物地图可以帮助设计师厘清一个项目中各个角色的关系，从而发现在用户们发生互动场景里存在的问题，为后面的优化设计提供支持。在此阶段需要先了解整个项目的情况，并从中提炼出一些关键人物，关键人物可以从关键步骤发生互动的人群进行提取；然后需要把这些用户划分为内部人员和外部人员，以方便设计师后续设计时合理掌握，最后用连线地图的方式把用户行为串联起来，就能一目了然，了解问题所在，并能快速找到问题的突破口。

4 链接地图与触点

由于触点是整项服务流程的总结，所以用户旅程图已经把整项服务细分为多个部分，这些部分的划分有助于设计师不同阶段工作的开展（图3-7）。

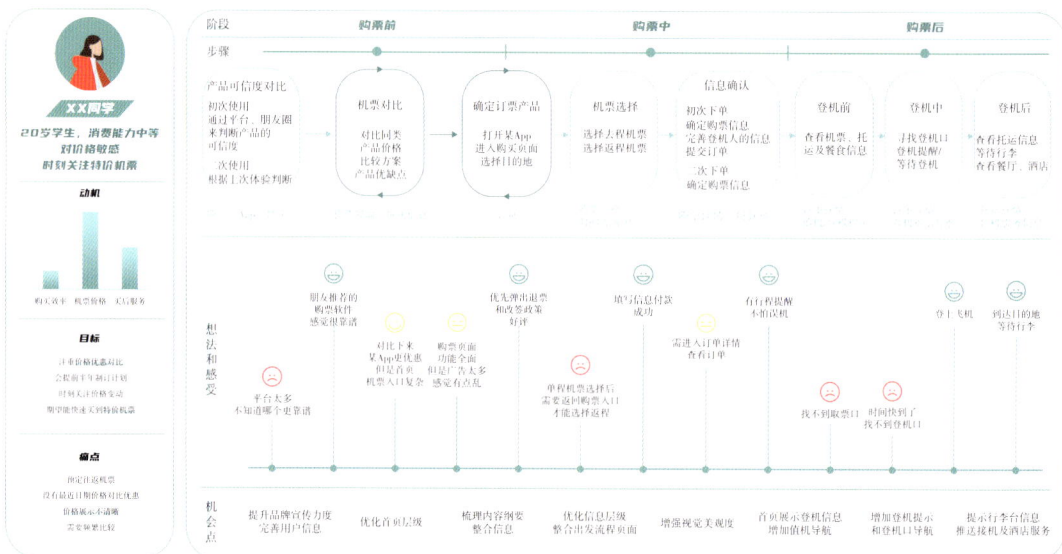

图3-7 用户旅程图范例 薛涪丹绘制（西北大学）

七、可用性测试

可用性测试（usability test）是让一群具有代表性的用户对产品进行典型操作，同时观察员和开发人员在一旁观察、聆听、做记录的方法。国际标准ISO 9241—11将可用性定义为"特定的用户在特定的使用情景下，有效、有效率、满意地使用产品达到特定的目标"。可用性测试能够评估产品、发现可用性的问题，可用性测试的目的在于对产品的总体可用水平进行判断、梳理完整的可用性测试问题列表、问题严重程度和优先级，对同一产品不同阶段的评估结果进行对比，以了解产品的可用性走势。可用性测试的具体流程如下。

（一）需求确认

同时与产品方沟通调研目标，确认合适的执行形式。

（二）方案设计

应先定义目标用户、代表性的测试任务、每个任务正确的行动顺序、用户界面。然后进行行动预演并不断地提出问题，包括用户能否建立达到任务目的，用户能否获得有效的行动计划，用户能否采用适当的操作步骤，用户能否根据系统的反馈信息评价是否完成任务。最后进行评论，如要达到什么效果，某个行动是否有效，某个行动是否恰当，某个状况是否良好，细化产品典型任务，与产品方沟通确认任务点是否完整，据此完善用户场景，同时评估可用性量表与用户筛选条件。

（三）测试执行

可分为预测试和正式测试，预测试包括检验测试环境、任务流等内容的完善程度，正式测试时需要主持人、记录员、观察员同时进行。用户测试可分为实验室测试和现场测试，实验室测试是在可用性测试实验室里进行的，而现场测试是由可用性测试人员到用户的实际使用现场进行观察和测试。

（四）问题清单

综合各用户数据，输出为清单，包括问题的表现、频率、严重性、优先级。

（五）分析建议

汇总所有可用性测试的问题清单，输出产品整体可用性诊断结果，针对具体任务，详细分析产生的问题及原因。

此外，用于用户研究的方法还有A/B测试、认知走查、眼动研究、后台数据分析等。

🔆 思考练习题

1. 用户研究会带来产品研发的新创意吗，用什么方法来实现？

2. 选择一件令用户不满意的产品，识别产品研发者所忽略的需求，分析为什么这个产品没有包含这些需求，是故意忽略了这些需求吗？

3. 使用电子绘图软件时，硬件与软件相互结合，通过多个触点，引发用户对电子绘画的综合体验感，在使用时，用户对硬件的材质、色彩、重量、造型等有直观感受，请根据上述服务的描述，结合调研，绘制电子绘图软件的用户旅程图。

🏔 复习指导提纲

　　识别用户需求是设计的基础与关键，设计调研关注用户的体验，切身感受用户的需求，通过情景再现和访谈的方式，充分激发情感共鸣，挖掘用户真正希望得到的体验，洞察用户需求是产品设计的科学依据，其重要性和需要关注的知识点在于以下几点。

1. 合理的规划是科学调研的基础。

2. 调查技术的方法对结果至关重要。

3. 合理设计调查策略。

4. 不同的用户调研方法作用不一样，需要根据具体情况组合。

第 4 章
产品规格

产品规格（specifications）是指对物件的体积、大小、型号等特定形态的描述。在产品设计、生产、销售中，设计师、生产商、采购方通过准确的产品规格来明确对应的产品类型，因此正确、清晰的产品规格描述至关重要。

课程名称：产品规格

课程内容：产品规格的概述
产品规格的建立
产品的最终规格

上课时数：8课时

训练目的：使用案例进行产品规格的讲解，要求学生掌握设立产品规格的方法，以及在可持续设计、绿色设计、环境保护的前提下，选择合理的产品规格。

教学要求：1. 掌握产品规格的基础理论知识。
2. 掌握建立产品规格的方法和流程。

3. 加深学生对产品规格的理解，能够在实践中设置合理的产品规格。

课前准备：了解并掌握产品规格发展历史、编号规则的相关理论知识点。

课前引导：1. 如何在产品规格中做到可持续发展和绿色设计？
2. 设立产品规格的目的和意义是什么？
3. 可以通过哪些方法来设立产品规格？

第1节
产品规格的概述

产品规格指的是介绍产品的成分、性能、品牌、产地、型号等产品的基础数据，对产品规格可以采用一种或者多种方式进行组合描述，规格描述可以通过品牌或商标、或同等品、规格说明、工程绘图等进行，其中规格说明一般从物理或者化学特征、材料与制造的方法、性能和机能三个方面进行。

一、产品规格描述的方法

市场常见的产品规格描述可大致分为五种，不同类型的产品规格描述有相对的优劣势，也可见组合两种以上方法进行描述。

（一）品牌或商标

产品的品牌或商标效应直接影响采购商的决策，通常产品的采购数量及金额都较大，使用的周期较长，采购商对新品牌和新商标持谨慎态度。品牌与商标的描述方法，意味着品牌方建立了长期的有效的商业信誉、诚信口碑和运营实力，采购商对此充分肯定与高度依赖，但是另一方面，其也限制了新品牌、新产品突围的机遇，或失去了压低成本的机会。可以采用国内或者国际通行的质量标志来表达和规范对产品质量、安全、卫生、环境保护、消费者保护的共识（图4-1、图4-2）。

中国国家免检产品即符合《产品免于质量监督检查管理办法》规定的产品；带有CE标志的产品，表明此产品符合一系列欧洲指令所表达的要求，如安全、卫生、环境保护和消费者保护。

图4-1 中国国家免检产品标志

图4-2 欧盟认证标志

（二）或同等品

采购商或者政府采购部门在招标时，常在指定品牌或者指定产品的型号备注"或同等品"（or equal）字样，"或同等品"的描述，有利于采购方将寻求更低成本、更优品质的要求转移至供应商，同时也无须重复建立规格描述。

（三）规格说明

规格说明是最广泛应用的规格描述方法，采购商详细设定规格说明，确保采购活动在规格说明的要求下进行，规格说明需要将产品的规格标准化，并确定型号、大小等规格数目。

1　物理或者化学特征的说明

对产品的物理或化学性质描述，这些性质是产品必须被检测的项目。

2　材料与制造方法的说明

采用产品的材料或者制造方法来设定产品规格，如纺织材料中的棉、毛、丝、麻或者化学纤维等，以及制造的手法，如手工编织、机织等。

3　性能和机能

性能的稳定是采购商或者销售方非常关心的标准，电气自动化行业尤其关注产品的性能稳定。

（四）采用工程绘图的产品规格描述

工程绘图用作产品规格描述是产品行业的普遍做法，这种方法还可以配合文字或者说明书进行，在建筑行业、电子行业，以及电子加工业、机械零件等产品中，都能看到这种类型的描述方法。工程绘图的方法是目前最精确的产品规格描述方法，尤其适用于那些高精度、结构复杂及严格控制误差的行业。

（五）其他方法

常见为市场分级以及样品两种。

1　市场分级

基于生产和产品的需要，按照市场分级的产品类型进行规划和采购，如铁、铜、铝等常规的材料差别。

2　样品

指的是采用样品进行取样，适用于视觉审查的项目，如木材的纹理、颜色等。

二、产品规格描述的标准

产品规格描述需要参照的标准大致可以分为个别标准，行业标准，政府、法规及环境标准三大类型。

（一）个别标准

采购商以政府或行业协会设置的规格作为基础，进一步制定自己的规格，并将其规格的复本提供给供应商，这些复本是供应商制造产品的标准依据，且提供了采购商对产品规格的承诺与建议。

（二）行业标准

行业标准是采购商非常注重的标准，订立行业标准，以确保食物能安全食用、灯泡能插进灯座、电器的插头与插座相配、建筑物不会倒塌、同一家公司在不同地点均能提供一致的服务，或来自不同产地的产品用同一标准进行评价。行业标准可作为产品符合采购商和进口要求的直接办法，也可作为一家公司的管理目标，以此实现优秀管理，例如，IT 集成行业采购商看重的首先不是价格、服务，而是产品是否符合行业标准。

（三）政府、法规、环境标准

各个国家政府对环境要素、员工安全、消费品安全都有特殊的规定，所以无论是设计师还是采购商、供应商都要注意产品是否符合政府标准要求，违反法令的公司和人员，都可能会受到民事和刑事的惩罚。

第2节
产品规格的建立

开发团队一般在产品研发的早期进行产品规格的确定，然后以精确满足这些规格作为设计目标，并管理产品研发流程。简单的产品可以只有一次产品规格的确认，但是复杂型产品需要至少两次产品规格的确认。在确认了用户需求之后，开发团队立即制定目标规格，在开发的过程中，可能出现产品的发展无法达到某些规格的要求，这时需要对规格进行修正，为了制定最终规格，开发团队必须一边开发，一边修正规格，并在产品的不同阶段进行权衡与决策。有一些公司也用"产品需求"或者"工程特性"等术语来表达同样的意思，还有一些公司使用"规格"或者"技术规格"来说明产品的关键设计数据。

一、建立目标规格

产品的目标规格是在确认了用户需求之后，生成产品概念之前确定的，基于产品生产的技术因素，产品目标规格的设置需要严谨而规范地进行。下面以自行车悬架案例来说明产品规格的建立方法。

⊞ 案例

自行车悬架开发规格的建立

某公司为自行车部件厂，长期为自行车提供前悬架，虽然产品更新的速度能够吻合市场的要求，但是公司还是希望能够继续开发新产品，为自行车爱好者提供更高层次的体验。在识别用户需求的过程中，开发人员不仅采访了大量的自行车用户，还采访了山地车爱好者和运动员，并且与经销商也保持着密切的沟通，最后他们汇总出需求清单，在总结这些信息后，该公司发现他们还面临这些挑战。

（1）用户提出的需求如何转化为接下来的开发目标？

（2）如何解决产品特性中成本和质量之间的权衡问题？

在表4-1中，用户表达出对自行车悬架的主要需求，其中"易于安装"和"在山地骑行能够实现高速下降"都是用户对自行车质量的典型主观表述，这些表述在产品研发前期调研的过程中很重要，但是并不能明确指出如何设计和解决这个需求，因此，开发团队需要建立一系列简明的规格，其中包括产品功能的详细数据。

本案例中，建立目标规格的过程至少应包含以下两个步骤。

（一）准备度量指标的清单

度量指标是检验产品规格的标尺，能够直接反映产品满足用户需求的程度，用户需求和度量指标之间的联系是整个规格的重点，如表4-1是案例中自行车悬架设计开发时需要进行考察的需求。

表4-1　自行车前悬架规格清单

度量指标编号	需求编号	度量指标	重要度（分）	单位	度量指标编号	需求编号	度量指标	重要度（分）	单位
1	1、3	在10Hz时车身到车把的衰减	3	dB	12	9	转向管长度	5	mm
2	2、6	弹簧预加载量	3	N	13	9	最大车轮宽度	5	in
3	1、3	来自车身的最大值	5	g	14	10	安装到车架上的时间	1	s
4	1、3	在测试曲线上的最小下降时间	5	s	15	11	培养自豪感	5	Subj
5	4	衰减系数调整范围	3	N-s/m	16	12	单位制造成本	5	RMB
6	5	最大行程	3	mm	17	13	喷水腔中污水进入的时间	5	s
7	5	倾斜量	3	mm	18	13	泥腔中无泥进入的转数	5	k-cycles
8	6	顶端的横向刚度	3	kN/m	19	15、16	维修时间/安装时间	3	s
9	7	总质量	4	kg	20	18	使橡胶老化的UV测试持续时间	5	hr
10	8	在制动枢纽处的横向刚度	2	kN/m	21	19	失效前的车身循环数	5	Cycles
11	9	耳机大小	5	in	22	19	弯曲强度	5	kN

注　1.重要度从1~5分进行表述，满分为5分。

2.引自：卡尔·T. 乌利齐，史蒂文·D. 埃平格. 产品设计与开发（原书第6版）[M]. 杨青，杨娜，等译. 北京：机械工业出版社，2018：90-91.

在创建度量指标清单的时候，需要考虑以下问题。

（1）度量指标应该是完整的。

（2）度量指标应该是相互依赖的变量，而不是相互独立的变量。

（3）度量指标应该是有实际意义的。

（4）用户需求不能轻易转化为可计量的度量指标。

（5）度量指标应该具有一个普遍认可的标准。

在上述表格中，可将每一种竞争品的度量指标都记录到同一列中，但是收集这些信息需要大量的时间，也涉及大多数竞争品购买、测试、拆卸和产品评估的过程，虽然繁复，但这个过程必须进行，没有这些信息，产品研发就是盲目的。

（二）为每个度量指标设置理想值和临界可接受值

为了给度量指标设置目标值，开发团队要对可利用的信息进行综合，其中有两个目标值最有效：一是理想值，二是临界可接受值，表达度量指标值的方法有五种，见表4-2。

表4-2　表达度量值的方法及说明表

数据标准	说明
不小于 $X^{①}$	这些规格组成了度量指标的下限，该值越高，结果越好 如车闸装配刚度值定位不小于325kN/m
不大于 $Y^{②}$	这些规格组成了度量指标的上限，该值越小，结果越好 如自行车悬架重量不超过1.4kg
在 X 和 Y 之间	这些规格组成度量指标的上限值和下限值 如弹簧的预载量设置为480～800N
恰好为 $Z^{③}$	这些规格组成的度量指标的特定值 如倾斜量这个度量指标理想值为38mm
一组离散值	有些度量指标可以取几个离散值 如耳机的直径可以是1.000in、1.125in、1.250in

①X指度量指标的最小值。
②Y指度量指标的最大值。
③Z指度量指标的理想值。

二、目标规格验证

产品研发团队需要进行一系列测试以确定规格，并在每一个迭代过程后进行反思，以确保结果与项目的目标一致，需要思考的问题如下。

（1）团队成员之间是否存在着"博弈"？例如，市场营销负责人需要加强某个特殊度量指标以实现更高的销量？而事实上，开发团队实现的目标与之不符，这种情况怎么办？

（2）为了满足不同市场区域的特殊用户需求，开发团队是否应该考虑多开发几种产品或至少提供多种产品型号？

（3）规格是否有缺失？

第3节
产品的最终规格

目标规格只是开发团队在产品研发初始阶段对目标进行的大体描述，开发团队在进行产品设计开发过程中，会根据实际情况对目标进行修正，以确定产品的最终规格，可以采取以下三种办法。

一、开发产品的技术模型

产品模型是指仿照产品的外形、颜色、形状等，通过特殊的方法做成与实际产品几乎一样的模型。产品模型是动态的，它是制造过程中各类实体对象模型的集合，包括物料、中期产品（半成品）、目标产品（成品）等，这些制造对象有许多方面（即产品模型的不同视图），在某一阶段只有其中一部分与某一特定的实际应用有关，如在总体设计阶段，只有概念化的形状信息是重要的；而在详细设计阶段，必须具备工程分析的结构模型，产品的技术模型是一种针对设计决策的工具，可以用来预测度量指标的数据。

二、开发产品的成本模型

该步骤是为了确保产品以目标成本生产出来，目标成本是产品上市时价格具有足够的竞争力，同时能保证足够利润的制造成本。质量成本理论及模型从提出到现在，国内外学者从不同视角进行了优化，虽然理论依据、研究方式方法不同，但核心都是通过理论和分析技术的深化，透析质量成本底层逻辑，为成本管理应用奠定理论基础，揭示管理价值，同时也为企业开展质量管控、进行质量管理决策提供思路和指引，在实际应用中，应考虑以下几个方面。

（1）结合企业实际特点进行综合决策。

（2）结合产品实际特点进行综合决策。

（3）建立健全质量成本管理体系。

首先，建立质量成本管理制度，可以明确质量成本管理的组织资源、角色职责，规定主要工作流程，提出活动要求，为质量成本管理的落地实施和持续推进提供工作依据和标准规范；其次，结合质量成本模型及分析方法，科学开展质量成本预测、决策，明确管理策略，锚定工作目标；再次，完善质量成本考核监督机制，通过计划指标的层层分解，将决策与企业实际业务活动有机结合，开展有效的成本控制及降损活动，推动质量成本计划目标的达成，并定期进行成本核算和综合分析，落实质量责任；最后，建立质量成本管理的有效性评价机制，通过周期性回顾评价，审视质量成本管理的综合绩效水平，对低效活动进行及时纠偏。

三、确立合理的最终规格

当产品研发涉及多个子系统复杂产品的时候，建立规格显得格外重要，在这种情况下，产品规格根据每个子系统，以及整体产品的开发目标，并按照每个子系统的规格来确定整个系统的最终规格。

修正规格的过程可以会议形式来完成，通过使用技术模型，可以确定可行的组合规格值，最终可以产品规格书的形式呈现，最终形成的产品规格书是企业与其供方或客户重要的约定文件，也是产品检验的重要依据。清晰准确的产品规格书能让合作双方明确要求与义务，也可避免不必要的纠纷，确保生产安全、产品优质、合法合规、用户满意，产品规格书的组成包含了企业自身要求、具体品种、用户要求、产品标准、供方能力五个部分。

产品规格书可以成为生产者和供应商的合同或者协议的一部分、生产者和客户的合同或者协议的一部分、确认和识别产品的文件、为客户提供清晰和透明的产品信息、构成产品生产规范体系的一部分，产品规格书的编写有着详细的流程（表4-3），其始于团队工作组的建立，终于最终规格书的正式发布。

表4-3　产品规格书的编写流程

阶段	具体工作
第一阶段	建立小组 识别用户需求 识别企业自身特点、能力、要求
第二阶段	搜集产品信息 会议讨论、起草文本 根据草本进行验证与测试 信息反馈、持续改进
第三阶段	确认产品信息并共享给客户、供应商 各方面确认、内部会签 产品规格写入合同 最终规格书正式发布

♀ 思考练习题

1. 对于"中性笔书写流畅"这一需求，列出一个度量清单。

2. 为"耐用的包裹包装材料"这一需求，设计一种度量指标和相应的测试。

3. 对不同的产品进行权衡时，会涉及某些相同的度量指标，请尝试举例。

△ 复习指导提纲

本章主要讲述确立产品规格的重要性、产品的技术模型、成本模型、最终规格的确立与验证。确定产品规格需要清晰地获取市场的规范、用户需求、当前核心技术的发展、自身客观的生产条件等信息，确定产品规格的过程最好邀请团队的市场营销人员、设计师、制造人员一起参与，可以采取几个信息系统来辅助确定产品的规格，如电子表格软件等，可以帮助设计师轻松创新信息系统。

第 5 章
概念的生成与表达

产品概念的质量直接决定了该产品是否满足用户的需求并能体现其商业价值，与其他研发环节相比，产品概念的优势是花费的时间较少、成本相对较低，但是在研发过程中，需要有效地执行产品概念生成这个环节，概念生成从确定用户需求、建立研发目标开始，到最后形成一系列产品概念供开发团队进行选择。

课程名称：	概念的生成与表达	教学要求：	1. 理解产品概念的生成及选择方式。
课程内容：	概念概述		2. 厘清产品概念评分与测试的流程。
	概念选择		3. 掌握概念表达的基本方式。
	概念评分	课前准备：	观察生活中的产品概念，阅读有关产品概念的书籍。
	概念测试		
	概念表达		
上课时数：	8课时	课前引导：	1. 为"国宝熊猫形态元素伴手礼"这一设计主题生成20个设计概念。
训练目的：	掌握产品概念在不同使用场景中的设计关键点及设计技巧，关注中华优秀传统文化设计元素，尝试形成创新产品概念。		2. 选择一种中国传统手工技艺，针对此技艺的传承和发展提出可行的概念设计方案。

第1节
概念概述

产品概念是对产品的技术、工作机理和形式的大致描述，能简要地说明该产品如何满足用户需求，通常是草图、三维模型并带有简要的文字描述。在概念的描述之前，需要生成概念，并进行初步的概念筛选。

一、概念生成

概念生成是从确定用户需求、建立研发目标开始，到最后形成一系列产品概念供开发团队进行选择的过程，概念生成在概念开发流程中处于第三阶段（图5-1）。

任务描述 → 识别顾客需求 → 建立目标规格 → 生成产品概念 → 选择产品概念 → 测试产品概念 → 设置最终规格 → 编制计划

进行经济分析

竞争性产品标杆比较

建立、测试模型和样机（原型机）

图5-1 生成产品概念的各个阶段

如图5-1所示，概念生成首先需要对用户需求进行甄别，并建立产品的目标规格，产品概念的生成，需要对目标市场有明确的认知，对未来用户有清晰的定位。产品概念生成阶段，最常见的问题包括只考虑到团队中最有主见或者有发言权的成员提出的1~2种选择；没有认清竞争产品已经解决的问题；对已有的解决方案整合不力；没有考虑解决方案的整体性。

二、概念筛选

在产品设计初期，团队可能生成大量的初步概念，如何对概念进行筛选成为后续工作的关键，可通过本章手持式钉枪概念的生成案例加以理解。

案例

手持式钉枪概念的生成

某公司为家用手持式钉枪生产厂家，准备最近开发一款手持式钉枪，以期对现有产品进行迭代。在开发此产品的时候就会出现以下问题。

如何生成新的产品概念？

如何才能确定这个概念可以被目标市场认可？

产品概念的筛选可以从厘清问题、外部搜索、内部搜索、系统搜索、对结果和过程进行反思几个步骤进行。

（一）厘清问题

厘清问题是指深入地理解问题，必要时需要把问题分解为若干个子问题。项目的描述、用户需求清单和产品的主要规格是概念生成阶段就需要的重要信息，开发团队既要确认用户需求，又要制定产品达到的规格和目标，例如，"设计一款更好用的手持式钉枪"这个命题，开发团队在设计的时候需要考虑如表5-1所列的若干问题。

表5-1 手持式钉枪产品概念信息表

问题	需求说明
已知开发目标	该钉枪将使用钉子，而不是黏合剂或者螺丝 该钉枪能与现有的主流型号的钉子兼容 该钉枪能够把屋顶瓦钉在木楞上 该钉枪是手持式
用户需求	该钉枪能够快速、连续地钉入钉子 该钉枪轻便易于操作 在使用钉枪的时候，不会有明显的发射延迟现象
目标规格	钉子的长度范围为25~38mm、钉枪的最大功率可以达到每个钉子40J、钉子的反作用力上限为2000N、最快速度是每秒钉入一个钉子、平均速度是每分钟钉入12个钉子、钉枪的重量小于4kg、触发延迟时间控制在0.25s之内

在此阶段，可以把一个复杂的问题分解成几个简单的问题，这个过程也被称为问题分解，如手持式钉枪的研发需要解决的问题可以分解为能量、材料、信号等子问题（图5-2）。

输入　　　　　　　　　　　　　　　　　　　　　　输出

能量（？）　　→　　　　　　　　　　　　　　→　　能量（？）

材料（钉子）　➡　　　手持式钉枪　　　➡　　材料（钉入的钉子）

信号（"发送"工具）⇢　　　　　　　　　　⇢　　信号（？）

图5-2　手持式钉枪的产品概念所需的信息

图中细实线箭头代表能量在系统中的传递和转化；粗实线箭头代表材料在系统中的运动；虚线箭头代表系统中控制信息流和反馈信息流。

问题分解的第二步是把问题看作一个操作材料、能量和信息的"黑匣子"，这个"黑匣子"代表产品的整体功能，在整体功能中需要包含能量、材料、信号这几个子问题的解决方案（图5-3）。

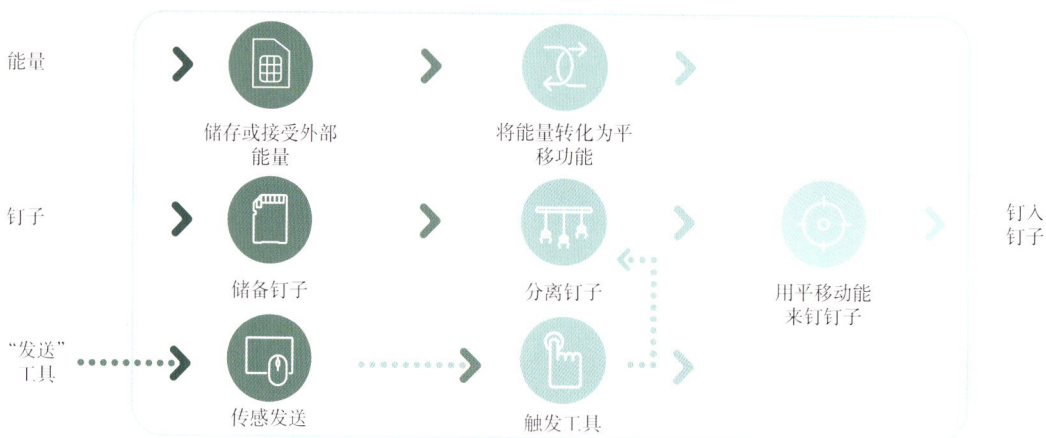

能量					
储存或接受外部能量		将能量转化为平移功能			
钉子					钉入钉子
储备钉子		分离钉子		用平移动能来钉钉子	
"发送"工具					
传感发送		触发工具			

图5-3 手持式钉枪的工作流程

在开发的过程中，可以对产品的整体功能进行分解，详细描述产品中的元素对实现整体功能起了什么作用，子功能还能分解为更简单的子功能，这样不断地分解，直到团队可以轻松地实现子功能，通常一个设计任务要分解为3～10个子功能，分解过程中构建的表格可以称为功能表。功能表的创建并不单一，产品功能的分解方法也不是单一的，创建产品功能图的简便方法是快速创建几个草图，最后精简成为一个与团队能力相匹配的分解图，可以从以下几个方面入手。

（1）为现有的产品创建功能图。根据开发团队生成的任一产品来创建功能图，或者根据一个已知的子功能来创建功能图，一定要保证创建的功能图能够对概念有准确概括，按照其中一个流程，确定需要进行哪些操作。功能图并不是独一无二的，可以通过不同的方法来分解子功能，产生不同的功能图，有时材料流、能量流和信息流之间的流向很难确定，所以只需要列出产品功能的简要清单就可以，不用考虑每一个子功能之间的关系。

（2）依据用户的使用顺序来分解问题。例如，钉枪问题可以分解为三个使用动作——把工具移到大致的位置、精确定位、启动钉枪。

（3）依据关键的用户需求来分解问题。例如，钉枪问题可以分解为以下子问题——快速地连续钉钉子、轻便、可承受较大的反作用力。

（二）外部搜索

外部搜索的目的是找到针对问题及分解出的子问题的解决方案。外部搜索贯穿整个概念生成的过程，本质上外部搜索是资料整理的过程，可以通过扩大搜索范围，即广泛地搜集可能涉及的问题和相关资料；集中搜索范围，即重点搜索，对有希望改进的方向进行探索两种方法进行优化，外部信息搜索的方法有用户调查、专家咨询、专利检索、文献检索、基准设定等五个途径。

（1）用户调查。在确定用户需求的时候，开发团队或许已经找到了领先用户，领先用户往往比主流客户能够更早地提出新需求，甚至已经找到了问题的解决方案，这种情况在高科技产品的用户群中较为常见。

（2）专家咨询。某些高校和科研机构的专家、专业顾问、供应商、企业专业人员具有子问题解决方案的所需知识，可以帮助开发团队转向以更高效的思路寻找解决方案。

（3）专利检索。专利是技术资料的详细图纸及产品说明的现成来源，需要注意使用专利时不可侵权。

（4）文献检索。这是获得现有解决方案的最好途径之一，公开文献包括期刊、会议资料、杂志、政府工作报告、市场、用户信息、产品信息及新产品的公告。文献检索对产品的开发会有很大的帮助。

（5）基准设定。在概念生成的过程中，基准设定是指研究与所开发产品功能相近的现有产品，或者解决产品研发的关键问题的现有产品，基准可以揭示用于解决问题的现有概念，以及竞争的优势与劣势等信息。

（三）内部搜索

内部搜索指的是利用个人或者团队的知识和创造力来解决问题，常见团队头脑风暴法。头脑风暴是新产品研发过程中最具有开放性和创造性的过程，相当于从个人知识中收集潜在的有用信息，进而解决现有问题。内部搜索可以由个人单独进行，也可以团队一起进行。

除了头脑风暴法外，内部搜索还可采取以下方法。

（1）进行类比。频繁反思还有什么工具可以解决问题，该问题在自然界和生物界是否有类比？

（2）积极设想。积极提出"如果、假设"等问题，有助于激发团队成员考虑新想法的可能性，也可以反映设计边界的问题。

（3）替换想法。可以用于修改或者重新安排不同的解决方案，以解决现有问题。

（4）使用相关刺激。相关刺激指的是在待解决问题的范围里产生的信息，当提出新的刺激因素的时候，用户群体往往会有新的想法，可以启迪设计师的灵感。

（5）使用无关刺激。无关刺激指的是不在待解决问题的范围里产生的信息，随机或者无关的刺激偶尔也会有助于产生新的想法。

（6）量化目标。有助于推动个人或者团队开展工作，如设定会议或头脑风暴必须产生10～20个产品概念。

（四）系统探索

系统探索旨在通过组织和综合来找到最终的解决方案，例如，本章案例中的"手持式钉枪"，开发团队着眼于"能量的存储、转化与传递"等子问题，每一个子问题都产生了几十个概念，组织与综合这些解决方案是考虑每个子问题中各种概念的所有可能性，可以使用概念分类树和概念组合表来进行整合。

1 概念分类树

把可能解决问题的方法划分为若干类别，以便比较和修正，如本章案例"手持式钉枪"的能源概念分类树，清晰地划分出满足用户需求的几个关键要素（图5-4）。概念分类树的优点在于可以快速辨别和删除不可行的分支、确定解决问题的独立办法、暴露一些不恰当的关注重点、细化某一特定分支的问题。

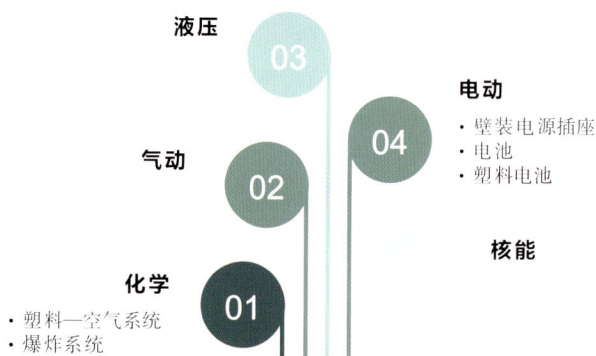

液压　03

气动　02

电动
· 壁装电源插座
· 电池
· 塑料电池

核能

化学　01
· 塑料—空气系统
· 爆炸系统

图5-4　手持式钉枪的能源概念分类树

2 概念组合表

概念组合表有助于系统考虑解决办法的组合，如表5-2为手持式钉枪"移动钉子"这一问题的能源及方式的解决方案。

表5-2　手持式钉枪"移动钉子"能源及方式的概念组合表

把电能转化为平移功能	积累能量	用平移能量推动钉子
旋转电动机传动	弹簧	单次敲击
直线电动机	移动的重物	多次敲击
电磁螺旋管	—	推动钉子
导轨枪	—	—

使用概念组合表的过程中，有两种方法可以简化组合概念的过程。

第一，如果一个条目不可行，那么包含该条目的组合就同步淘汰，这样可以减少团队要考虑的组合数量。

第二，关注概念组合表中的耦合子问题。耦合子问题指的是解决一个问题必须与另一个问题的解决方法相匹配、同时使用。例如，具体电源的选择和能量转化方式的选择就是耦合子问题。

（五）对结果和过程进行反思

在开发产品的过程中，把对结果和过程的反思贯穿到开发的全过程中，需要审视的问题如下。

（1）是否已经充分探讨了所有的解决方案？

（2）是否还有其他的功能表？

（3）是否还存在着其他的方法解决问题？

（4）是否进行了彻底的外部搜索？

（5）是否在概念开发过程中采纳并整合了有效想法？

第2节 概念选择

概念选择就是通过比较各种概念之间的相对优劣，选择一个或者几个概念进行接下来的调查、测试和研究，从而使概念更好地满足用户的需求和其他指标。本章主要研究在开发过程中对总体产品概念的选择，以注射器设计概念的选择案例加以说明。

案例

注射器设计概念的选择

某公司专门生产注射器，该公司生产的注射器不仅要为门诊病人准确控制试剂量，而且需要严格控制产品成本，供应商还要求该公司生产的注射器性能要与市面现有产品保持一致。开发团队建立了选择产品概念的七个指标来描述现有用户和潜在用户的需求。

（1）处理的便捷性。

（2）使用的简便性。

（3）计量设定的可读性。

（4）计量注射的准确性。

（5）耐磨性。

（6）易于制造。

（7）便携性。

这些指标简单而普遍，开发团队根据指标形成了一系列的概念，但是无法确定哪种才是新一步设计、优化、生产的最优概念，在多中选优的过程会出现下述问题。

（1）设计概念都很抽象，如何选择最好的概念？

（2）如何记录概念制作的过程？

一、概念选择的目的

概念选择是一个进一步收敛的过程，必须对前期所生成和初步筛选的概念进行反复比对，从一系列的初始概念中筛选出部分概念，然后对其进行整合演化和拓展，通过数次这样的操作，才能诞生出最优概念，并进行进一步的完善和设计。

二、概念选择的方法

产品研发团队可以使用特定的方法来选择概念，如外部决策、产品销售人员、设计师直觉等，概念选择的方法和具体操作说明见表5-3。

表5-3 概念选择的方法和具体操作说明

概念选择的方法	具体操作说明
外部决策	把概念交给用户或者其他的外界实体来选择
产品销售人员	开发团队里面最有影响力的成员通过个人偏好来选择概念
直觉	外部的标准和评价不起作用的时候，通过对概念的主观感受来选择概念方案
多数表决	团队成员进行投票，选择票数最多的概念
网络调研	应用在线调查工具，通过在线投票的方式选择支持率最高的概念
优劣势	将每个概念的优劣列成表格，通过团队的建议来选择
原型化和测试	建立并测试每个概念的模型，根据测试结果进行选择
决策准则	用实现指定的指标来衡量每个概念的等级，从而做出选择

三、概念选择的优点

产品研发的过程中，所有前端行为都会对产品走向产生巨大影响，产品概念不仅对生产成本有重要的影响，对市场投放也会产生关键性的作用。一个清晰而具有结构性的概念选择过程将会保持整个开发过程的客观性，指导产品研发团队顺利完成概念选择，实施概念选择有以下优点。

（1）产品研发能够贯彻以用户为中心的设计理念：开发方案是依赖用户调研产生的，选择方案应该尽可能以用户为中心。

（2）具有竞争力的设计：在设计的概念符合现有设计要求的前提下，设计者应该使设计在关键参数上赶超竞争对手。

（3）更好的工艺：符合生产指标的产品将提高其制造能力，使产品与企业的生产能力相匹配。

（4）缩短产品投放时间：结构性的选择方案将成为设计工程师、制造工程师、工程设计者、市场营销人员和项目经理的共同语言，加快交流、减少错误，使产品可以尽快面世。

（5）有效的集体决策：在概念选择的过程中，企业组织理念、设计指导方针、设计成员参与的积极性及团队成员的经验都会影响概念选择的结果，集体决策可以使决策基于客观的标准，从而降低个人因素对选择的影响。

（6）记录决策过程：记录决策过程能够快速将概念梳理成一个易于理解的说明文件，记录决策过程对吸收新成员、迅速估计用户需求和概念的可行化都非常重要。

四、概念选择的步骤

概念选择可以通过准备选择矩阵、对概念评级、对概念排序、对概念进行整合和改进、最终决策、反思几个步骤来进行。

（一）准备选择矩阵

概念的选择是为了确定项目的目标、确定所需要的结果、确定设计和创作过程，需要制定清晰的选择矩阵，以本章注射器设计概念的选择案例研发为例，项目开发团队将与注射器研发相关的主气缸、橡胶阀、插入制动器等方面进行列表，完成关于注射器概念的选择，见表5-4。

表5-4 注射器概念生成表

选择标准	概念						
	A 主气缸	B 橡胶阀	C 棘齿	D 插入制动器	E 冲洗圈	F 杠杆设置	G 拨号螺杆
易于处理	0	0	−	0	0	−	−
使用方便	0	−	−	0	0	+	0
装置的可读性	0	0	+	0	+	0	+
计量器精准	0	0	0	0	−	0	0
耐用性	0	0	0	0	0	+	0
易于制造	+	−	−	0	0	−	0
轻便	+	+	0	0	+	0	0
+的个数	2	1	1	0	2	2	1
0的个数	5	4	3	7	4	3	5
−的个数	0	2	3	0	1	2	1
净得分	2	−1	−2	0	1	0	0
等级排序	1	6	7	3	2	3	3
是否继续	要	不要	不要	组合	要	组合	修正

注 团队将注射器的待筛选概念与参考概念相比较，使用一些简单的符号（"+"表示"优于"，"—"表示"差于"，"0"表示"相似"）来挑选出将来可能会用到的概念。

（二）对概念评级

根据矩阵中"优于""差于""相似"这些得分来表述各个概念，要求对所有概念的同一标准都打完分之后，再转换到下一指标。

（三）对概念排序

对所有的概念评估等级之后，汇总"优于""差于""相似"的个数，并将每种类别的综述记录到矩阵的最后一行，算出总分后，团队即可对概念划分等级。

（四）对概念进行整合和改进

完成概念评估之后，团队应该检验结果是否有意义，然后考虑是否有方法对这些概念进行整合改进。

（五）最终决策

团队成员充分地分析和理解每个概念，并最终决定选择哪些概念进行更深层次的分析，在此过程中，团队资源，如人员、经费、时间的控制将影响最终决策出的概念数目。

（六）反思

最终结果须获得团队所有成员的认可，如果有一个或者几个成员不认可，则说明在概念筛选的过程中遗漏了一个或几个重要指标，或者某个评价环节是错误的、概念选择的过程是不清晰的，遇到这种情况时都需要重新进行概念选择。

第3节 概念评分

为了更加客观地区分不同的概念，可采用概念评分的方法。以本章注射器设计概念的选择案例为例，根据用户认为注射器选择标准的重要度分为5个等级，并从1~5级进行标注，另将其评分权重按照满分100分进行打分，以主气缸的"易于处理"这一指标为例，重要度评估等级为3，权重为5%，得分为0.15，其余指标的计算得分见表5-5，在所有的选择标准评分完成后，按照总分进行排序，得分第一的成为最终概念。

表5-5　注射器设计概念评分表

选择标准		概念							
		主气缸		杠杆设置		冲洗圈		拨号螺杆	
选择标准	权重/%	评估等级	加权得分	评估等级	加权得分	评估等级	加权得分	评估等级	加权得分
易于处理	5	3	0.15	3	0.15	4	0.2	4	0.2
使用方便	15	3	0.45	4	0.6	4	0.6	3	0.45
装置的可读性	10	2	0.2	3	0.3	5	0.5	5	0.5

续表

选择标准		概念							
		主气缸		杠杆设置		冲洗圈		拨号螺杆	
选择标准	权重/%	评估等级	加权得分	评估等级	加权得分	评估等级	加权得分	评估等级	加权得分
计量精准	25	3	0.75	3	0.75	2	0.5	3	0.75
耐用	15	2	0.3	5	0.75	4	0.6	3	0.45
易于制造	20	3	0.6	3	0.6	2	0.4	2	0.4
轻便	10	3	0.3	3	0.3	3	0.3	3	0.3
总得分	—	—	2.75	—	3.45	—	3.10	—	3.05
排序		4		1		2		3	
是否继续		否		是		否		否	

一、概念评分的重点

概念评分重点需要关注概念质量的分解、设计团队的主观指标、促进概念的改进、成本等多个方面。

（一）概念质量的分解

概念选择方法的理论基础是选择指标，要能够独立评价，而概念的质量是与每个指标相关的概念质量之和。

（二）主观指标

有些指标的选择，尤其是与美学相关的指标，具有高度的主观性。

（三）促进概念的改进

在讨论了每个概念并评定了等级之后，团队应该将概念显著的程度直接表现在选择矩阵之中，以便能够识别出概念的特征，以及改进概念过程中有待解决的问题。

（四）思考成本

大部分指标选择是基于用户需求的，但也有一些指标是来自生产商的需求，如"易于制造"和"生产成本"不是用户的需求，但在产品研发的过程中，生产成本是一个非常重要的因素，因此在评价的过程中必须考虑到。

（五）将概念应用于整个研发过程

在设计和开发的很多细节层面需要一遍遍地进行概念选择，如本章注射器设计概念的选择案例的研发，设立了基本步骤后，在设计上还需要继续使用概念选择的办法来确定诸如颜色、材料等细节问题。

二、概念评分的步骤

概念评分是一个基于用户需求以及其他指标之间的比较优劣势的过程，包括概念矩阵、概念评分、概念排序、概念整合、概念选择和反思总结6个步骤。

第4节 概念测试

开发团队在执行概念测试时，需要从目标市场的用户那里获得对产品概念的反馈，这种类型的测试可以从一个或多个概念中选择出最适宜的概念，同时也可以从用户那里获取改进概念以及预估产品销售潜力的信息（图5-5）。

设计问卷是概念测试的第一步，概念测试的最初可以提出以下问题：

（1）所有概念中哪些可以继续进行？为什么？

（2）如何修订概念以适应用户需求？

（3）大概的市场容量是多少？

本节将介绍产品概念测试的六个步骤。

图5-5 概念测试所处阶段

一、选择调查人群

概念测试的第一步是选择调查人群，被调查的用户要能够反映目标市场对产品的真实需求，以折叠电动单轮滑板车的用户调查案例加以说明。

案例

折叠电动单轮滑板车的用户调查

某公司为个人交通开发了一款新型折叠电动单轮滑板车，该公司希望调查用户对该概念的反应，以决定是否继续该概念的研发。

在折叠电动单轮滑板车的用户调查案例中，有两个二级细分市场，一是大学生群体，二是城市通勤者群体，同时还可以确定几个更小的二级细分市场，如工人、机场雇员等，调查的样本覆盖面要真实、准确、充足，才能展现出结果的精准性，从而指导决策的制定。不同规模的样本，其概念测试的适宜因素见表5-6。

表5-6 不同规模样本概念测试的适宜因素

调查因素	样本规模较小时的适宜因素	样本规模较大时的适宜因素
调查阶段	在概念研发较早的阶段进行测试	在概念研发较晚的阶段进行测试
调查目的	测试主要是为了收集定性信息	测试是为了定量预估需求
调查优缺点	对潜在用户的调研时间较长、费用较多	对潜在用户的调研时间较短、费用较少
调查结果	预期产品会占据目标市场的份额比调查结果较大	预期产品会占据目标市场的份额比调查结果较少

依据想要从概念中得到什么数据，开发团队要对不同的目标进行多次调查，每次调查都可能会有不同的抽样人群和不同的样本规模。

二、选择调查方式

概念测试调查可以通过与用户面对面交流、电话、发信件或邮件、互联网络等形式开展，其具体采取的形式以及相关注意事项如下：

（一）面对面交流

在这种模式中，调查者与回答者直接进行面对面的交流，这种模式可以采取拦截如商业街、公园或校区中的行人，电话预约，在贸易展台上调查或者集体约见。

（二）电话

基于远程、时差等特殊原因，可以采用电话的形式对用户进行调查。

（三）发信件或邮件

在信件或邮件调研中，通常回复速度相对较慢且回复率不高，这时可以通过礼金或礼品等形式进行激励。

（四）互联网络

通过互联网可以建立一个虚拟的概念测试网站或者小程序，在网站或小程序上，用户可以了解概念并提供回复，效率较高，回复率也较高。

三、概念测试沟通

概念测试沟通可以通过文字描述、情景图板、交互式媒体等多种方式进行，每一种概念沟通的形式可以匹配不同的调查模式。

（一）概念沟通方式

概念沟通的方式取决于调查模式的选择，常见的概念沟通方式包括文字描述、略图、照片和实物、情景图板、视频、仿真、交互式媒体、实物模型以及工作原型，见表5-7。

表5-7　概念沟通的方式

表达方式	说明
文字描述	文字描述一般是用一小段话或者是用重点来简略地描述产品概念
略图	常见为用简单的线稿来展示产品的细节，也可在图中对关键的地方做出标注
照片或实物图	当产品概念存在外观模型的时候，可以使用照片或者实物的图片来交流
情景图板	情景图板是一系列图画，按照顺序将产品使用时的情景进行排列
视频	视频比情景图板更为生动，能够清晰地表达出产品的形式和使用方式
仿真	通过计算机软件来模拟产品的功能或交互特性
交互式媒体	交互式媒体结合了视频的视觉化以及仿真的交互性优势
实物模型	也称为外形类似模型，可以生动地展示产品的形状或外观
工作原型	使用工作原型或者功能类似模型进行展示，但被调查者很可能会将模型和最终产品混同，因此需要加以说明

（二）调查模式与概念沟通形式的匹配

调查模式需要匹配概念沟通的形式，常见的调查模式包括电话、信件或邮件、互联网络、面对面交流，表5-8展示了每种调查模式能够使用的概念表达方式：

表5-8　概念表达与匹配的调研形式

传达方式	电话	信件或邮件	互联网络	面对面交流
文字描述	★	★	★	★
略图	◎	★	★	★
照片或者实物图	◎	★	★	★
情景图板	◎	★	★	★
视频	◎	◎	◎	★
仿真	◎	◎	◎	★
交互式多媒体	◎	◎	◎	★
实物模型	◎	◎	◎	★
工作原型	◎	◎	◎	★

注　★表示调查方式与传达方式契合；◎表示表示调查方式与传达方式不契合。

（三）概念表达中的问题

在表达产品概念时，调查人员需要去描述、宣传产品及产品的优势，如本章折叠电动单轮滑板车的用户调查案例可以描述为"避开交通拥堵的一款新型电动滑板车"，概念表达的时候应该要抓住产品研发的重点，并且考虑到用户最关心的问题，产品价格也应该纳入表达的一部分，缺失价格表达的调研是失真的。

四、测试用户反应

大部分的概念测试都在表达概念后测试用户的反应，在早期的概念研发阶段所做的概念测试中，可以通过被调查者从两个或者多个可选项中来进行用户测试，被调查者最常使用的5个反应类型：①肯定要买；②应该要买；③买或不买都有可能；④应该不会买；⑤肯定不会买。调查过程中也可以使用其他的选项来测试，以本章折叠电动单轮滑板车的用户调查为例，可以设置如表5-9所示的选项。

表5-9 折叠电动单轮滑板车概念调查表

问卷主题：折叠电动单轮滑板车用户调查表
我们正在为一款新型的交通工具产品收集信息，希望您能够与我们分享您的看法： ① 您是在校大学生吗？ 是□ 不是□
② 您住在哪里？ 校内□ 校外□
③ 除公交车、地铁等大型公共交通工具外，如有1~3km的距离，您会选择什么方式抵达？ 自行车□ 滑板车□ 电动车□ 步行□
④ 您平时如何从住处到学校的？ _____
⑤ 您平常如何在学校周围走动的？ _____
⑥ 这是这款产品的宣传册（给出册子） 这是一款轻便的折叠电动单轮滑板车，您可以将它带入建筑物里面或者公共交通工具中，滑板车大概重量为25kg，速度可以达到每小时15km，在标准电源上充满电池只需要2h，这款滑板车的操作很简单，只有一个加速按钮和一个刹车。如果这样一款能够在校园里面以及周围使用的折叠电动单轮滑板车的价格是689元，您在接下来的一年里购买这款产品的可能性有多大？ 肯定不买□ 可能不买□ 买不买都有可能□ 可能购买□ 肯定购买□
⑦ 您是否想亲自感受一下驾驶这款产品的感觉？（提供说明书和头盔） _____
⑧ 基于您的体验，您在接下来的一年里购买这款产品的可能性有多大？ 肯定不买□ 可能不买□ 买不买都有可能□ 可能购买□ 肯定购买□
如何改进产品？ ⑨ 您对这款产品有什么改进的建议？（询问一些开放性的问题）

五、汇总调查结果

调查结果汇总出来后，如果某个概念测试结果明显比其他概念好很多，那么开发团队就可以直接选择这个概念，如果测试结果并不明确，那么开发团队在选择概念时就应该充分考虑成本与其他因素，或者直接向市场推出更多的产品版本。在调查过程中导致预期销售与实际销售情况不符的因素包括以下几个方面：

（一）口述的能力

口述过程中没有把产品的优势立即展现出来，被调研的用户可能对概念失去兴趣。

（二）描述概念的逼真度

实际产品与概念测试产品描述有较大的差别，则预期销售与实际销售情况也会出现很大的不同。

（三）定价

产品的实际价格和调查中显示的价格有很大的区别，那么对销售量的预计将不准确。

（四）促销水平

对于大部分产品来说，广告和其他途径的促销都能够增加销量，促销的方法和水平也直接影响产品最终在市场的反响。

概念测试最大的好处是能够从潜在用户那里获得反馈，开发团队可以从市场的总体规模、产品的可获途径以及知名度、购买产品的用户比例来反思调研过程。

第5节 概念表达

通过前期用户需求的识别、概念的筛选与确定，已经基本确定要开发的产品是什么、核心价值是什么、解决什么问题以及产品的定位。概念的表达就是以尽量直观的形式把产品的定义以及产品最终想要达成的目标描述清楚，主要涉及绘图、语义设计、界面研究等。

一、概念视觉化

概念视觉化就是把抽象的、技术化的概念描述，转化成用户直观的感受或体验。概念视觉化涉及概念形态、功能、结构等多个方面，其表达不同于单纯的审美创造，必须注意功能与结构、单元尺寸、尺度比例、材料选择、表面处理和整体处理，常用的概念视觉化的方法有以下四种：

（一）变化与统一

变化是通过寻找各部分的差异、区别和活跃因素，从而营造新的个性；统一是寻找内在的联系，这种联系可以是新旧产品之间的联系，也可以是同类产品的共同特征，还可以是和日常生活或环境的联系。如意大利 Baxter 品牌 Say Yes 顶灯（图5-6）和 Cattelan Italia 品牌推出的 Nasdaq Keramik 书桌（图5-7）。

图5-6 Baxter 品牌 Say Yes 顶灯

该顶灯突破了传统灯具采用灯罩的设计手法，以弯曲的灯管直接进行照明设计，同时设计了单独变化的一个圆环，增加了设计的趣味性和独特感。

图5-7 Cattelan Italia 品牌的 Nasdaq Keramik 书桌

该书桌一侧的桌腿以几何形态堆垒，使书桌整体呈现出强烈的动感。

（二）对称与平衡

可以分解为对称平衡、不对称平衡或从中心散射的平衡，与视觉上的均衡与稳定相关，通过比例、尺度、材料、结构等要素的调整和组合，形成新的平衡感，如意大利 Turri 品牌的 Azul 沙发（图5-8）和意大利 Paolo Castelli 品牌推出的 Vao 床（图5-9）。

图5-8 Turri 品牌的 Azul 沙发

Azul 沙发由宝拉·拉维尼（Paola Navone）和 OTTo 设计工作室（OTTo Studio）联名设计，整个系列产品以蓝色串联，给人一种静谧之美。沙发造型经典，蓝色天鹅绒采用手工编织，以有序交织的纹理凸显视觉层次。

图5-9 Paolo Castelli 品牌的 Vao 床

Vao 床从结构到材质均采取对称形式，形成稳重、温暖的视觉效果。

（三）比例与尺寸

包括整体与局部的关系、局部与局部的关系，不仅与产品的形态和形状相关，而且与产品的材料相关。如法国 Ibride 品牌的 Diva Lucia 玄关桌（图5-10）、西班牙 Nomon 品牌的 Barcelona 挂钟（图5-11）、意大利品牌 Fiam 的 Kathleen 镜子（图5-12）等，都是运用比例尺寸调整进行的设计。

图5-10 Ibride 品牌的 Diva Lucia 玄关桌

Diva Lucia 玄关桌，以鸵鸟趣味的造型，采用比例和尺寸的变化，为空间增添了跃动的趣味与生活的热情。

图5-11 Nomon品牌的Barcelona挂钟

Barcelona挂钟由工业设计师何塞·玛丽亚·雷纳（José María Reina）和珠宝设计师安格尔·阿鲁法特（ángels Arrufat）联名创作，把时间感简化为极简圆环，在现代简约中继承了传统挂钟的圆形结构，去繁就简，摆脱了钟表固有的形状，赋予了时钟除功能性以外的美观享受。

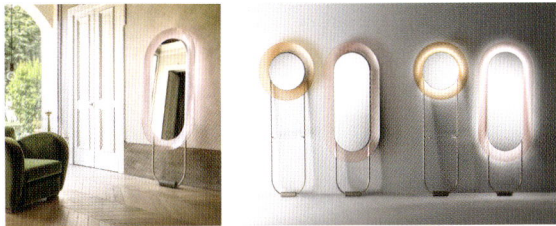

图5-12 Fiam品牌的Kathleen镜子

Fiam品牌一直关注玻璃家具的功能效用，其设计作品不仅具有美感，还可塑造智能化的生活或工作环境。Kathleen镜子以甜美的色调、优美的造型广受市场欢迎，不仅方便用户整理仪容，更是家庭里点睛的装饰品。

（四）对比与协调

通过线条的刚与柔、不同形状或者方向的变化、体量的大小、空间的叙事关系、细节的疏密等调整，从而达到既有差异又有共性的联系。需要特别注意结构线的处理，如意大利Seletti品牌的Hybrid骨瓷餐盘，以拼接的形式将具有中西式绘画风格进行融合（图5-13）；日本香兰社（Koransha）设计的中秋茶盏，以色彩对比的形式表达"月有阴晴圆缺"的情景（图5-14）。

图5-13 意大利Seletti品牌的Hybrid骨瓷餐盘

该套骨瓷餐盘是东西方美学碰撞与融合的产物，每种产品的装饰均由中西两种风格的图案构成，设计形式颠覆想象。

图5-14 日本香兰社设计的中秋茶具

该套中秋茶具结合传统工艺和现代技术，釉面使用香兰社代表性的蓝色，构图以金属模板为遮挡，在陶瓷表面喷绘出相应图案，呈现出富有日本风格的月亮图案。

二、设计草图

设计草图是用视觉图示的手段来进行设计的思考，通过草图的形式，可以拓展设计的创造力。同时，草图也是沟通交流的重要工具，有利于设计师的自我交流和团队交流，进而达到有效的沟通。设计草图不仅仅是创意视觉化的过程，还是表达、验证、综合到细节的过程，草图是设计演绎的全过程，而不仅仅是设计的结果。

（一）初始草图

初始草图需要快速、简单地表达，主要说明产品的特征，同时需要使用初始草图记录设计的变化（图5-15）。

图5-15 曼荼罗纹样现代茶具设计草图　设计师：薛涪丹（西北大学）

绘制初始草图主要分为了解和分析测绘对象、确定表达方案、画零件草图三大步骤。第一，应先了解零件的名称、材料以及它在机器（或部件）中的位置、作用和与相邻零件的关系，然后对零件的内外结构进行分析；第二，确定表达方案，先根据显示形状特征的原则，按零件的加工位置或工作位置确定主视图，再按零件的内外结构特点选用必要的其他视图或剖视图、断面图等表达方法，经过比较，最后选择最佳表达方案；第三，画零件草图，在图纸上定出各视图的位置，画出主、左视图的对称中心线和作图基准线。布置视图时，要考虑到各视图间留有标注尺寸的位置。以目测比例详细地画出零件的结构形状。

（二）平面图

以平面图为基础展开设计思考，易于展开，能够很好地展示产品设计的各个方面和细节（图5-16）。

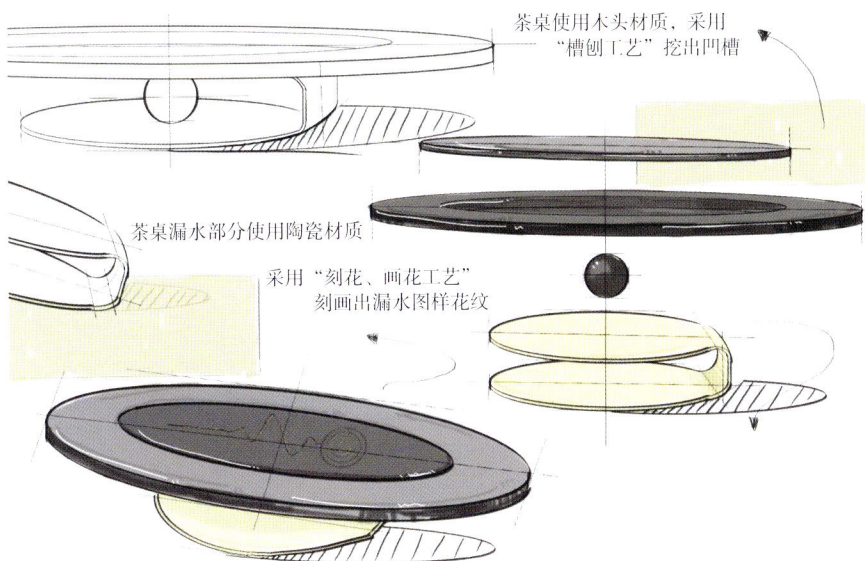

茶桌使用木头材质，采用
"槽刨工艺"挖出凹槽

茶桌漏水部分使用陶瓷材质

采用"刻花、画花工艺"
刻画出漏水图样花纹

图5-16　曼荼罗纹样现代茶具设计平面图　设计师：薛涪丹（西北大学）

平面图形的画图步骤一般从图形的基准线画起，再按已知线段、中间线段、连接线段的顺序作图。平面图形标注定位尺寸要有尺寸基准，可以辅以文字说明。

三、立体构想图

产品的立体构想图需要有序而谨慎，能够较好地表现产品的形态特征和细部，主要特征要表达清晰（图5-17）。

图5-17　曼荼罗纹样现代茶具设计三维软件建模　设计师：薛涪丹（西北大学）

立体构想图中每一个出现在画面上的物体，都要有严格的大小比例和方向，场景中的每个角度都要清晰地表达，标注和说明也需要清晰、准确。

四、结构尺寸图

产品的结构尺寸图可以表现为产品的结构三视图或尺寸图，必要时增加细节说明图（图5-18）。

产品的结构尺寸图是各类产品的构成及其比例，确定合理的产品结构和尺寸，有利于提高产品决策、计划的科学性和可靠性。

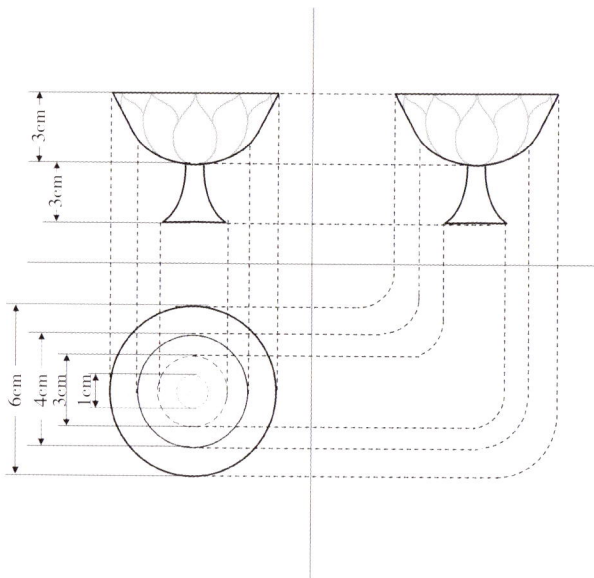

图5-18 曼荼罗纹样现代茶具设计茶杯结构图 设计师：薛涪丹（西北大学）

五、三维设计效果图

通过计算机软件绘制的矢量图，可以较为真实地表现产品效果和尺寸概念，易于修改（图5-19）。

图5-19 曼荼罗纹样现代茶具设计最终设计效果图 设计师：薛涪丹（西北大学）

3D设计效果图可以使用3D Max、Rhino、MAYA、AutoCAD、SketchUp等软件完成，效果图设计软件可以很好地提高设计效率，帮助设计师更快、更有效地进行设计，并向开发团队提供直观的产品视觉效果。

六、概念创新表达

产品概念表达除使用草图、结构图、计算机建模等形式外，还可以使用环境情景图示、形象风格矩阵、材料色彩图板以及情景故事板表达所设计的产品最终的、应有的使用功能。

（一）环境情景图示

环境情景图示主要用于表达设计产品的使用场景，如意大利Boffi公司在2022年推出了一款专为厨房打造的模块化收纳系统（图5-20），以不同角度展示产品使用的环境情景。

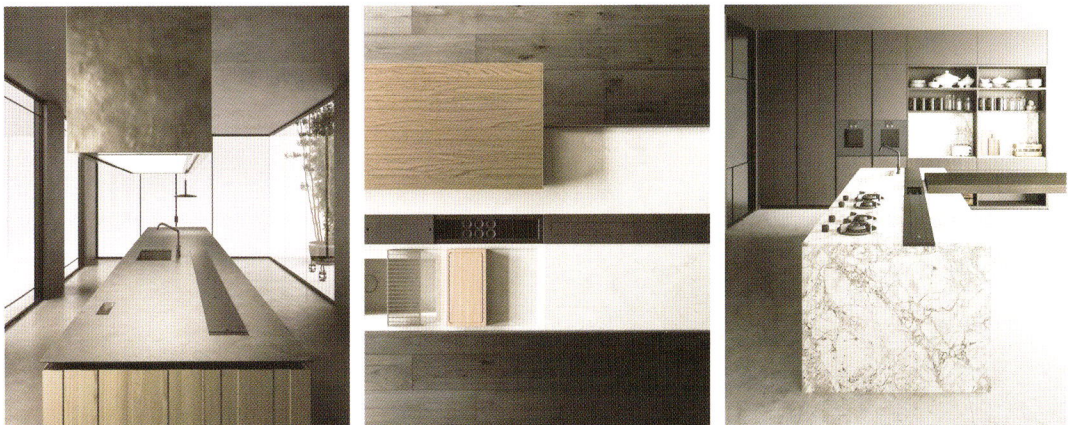

图5-20 意大利Boffi公司的厨房模块化收纳系统

该系统由哑光黑色不锈钢制成，为调料架、刀具架、砧板、餐具托盘等各种厨房用品提供了摆放空间，公司将此设计置于同样简约整洁的环境情景图示中，向用户表达其整洁有序的设计理念和使用场景。

（二）形象风格图板

形象风格图板主要展示设计的风格趋势和潮流趋向（图5-21）。产品形象风格图板是为了实现设计师的总体形象目标的细化，它是以产品设计为核心而展开的系统形象设计，对产品设计、设计观念、技术、材料、造型、色彩乃至加工工艺、包装、运输、展示、营销手段等一系列进行统一策划、统一设计，形成统一的感官形象和社会形象，以起到提升、塑造和传播产品形象的作用。

图5-21 服装设计的形象风格图板及设计成品

（三）材料色彩图板

材料色彩图板主要展示设计所使用的材料以及色彩的灵感来源（图5-22）。材料色彩图板的设置需要同时考虑产品使用场景、产品组成部分及环境色彩的共同影响。

图5-22 潘通流行色色板及应用产品

（四）情景故事板

情景故事板也称剧本设计法，以用户体验为核心，是产品使用情境构建的设计方法之一，主要将使用者的特性、事件、产品和环境之间的关系，通过想象来描述未来产品的使用流程或者情景，探讨分析用户与产品的互动关系（图5-23、图5-24）。

为了让情景故事板的内容可以准确表达设计者的想法，在绘制故事板时还需要注意以下三点：

1 真实化

在绘制故事板时，设计者需要让人物、目的，以及人物经历尽可能自然化地展现，从而更

图5-23 智能耳机情景故事板 设计师：徐茂钞（四川师范大学）

图5-24　智能测糖仪情景故事板　设计师：徐茂钞（四川师范大学）

清晰地理解故事板所要传达的信息。

2 简单化

尽量避免一些不必要的情节，包括句子、图片或者情节设计，没有为整个故事增加价值，就要果断删除。

3 情感化

在故事板中，人物是中心，所以需要反映人物当下的所思所想，在人物的经历中展现其性格和情感状态，与用户获得情感共鸣。

七、产品语义设计

产品语义设计是基于符号学的理论基础，把符号学的研究构想应用在产品设计上，从符号学的角度观察产品。产品外部形态是由一系列的视觉符号组成的，点、线、面、体等形态要素就是设计师与审美主体在产品形态信息传递中最基本的"语言"，产品的形态价值不仅仅在于它的自然材质，还在于产品的外在形式，以及用于传播的某种意义。产品语义设计可以采取以下几种具体设计方式。

（一）程序

产品内部结构的解释和外露，可以通过外部的形态呈现给用户，展示产品的运作程序。如积家（Jaeger-LeCoultre）品牌钟表设计师在设计樱花规范指针空气钟时，适度外露机芯，以展示指针运行的情况以及设计的美感（图5-25）。

（二）唤起

通过熟悉的物品或者旧的产品形态，寻找共同的记忆符号，创作一种新的、可视的使用暗示。如慢物质设计团队在白茶包装上设计的月球形LED灯，通过触觉、视觉、交互来唤起用户对"月光白茶"的感受（图5-26）。

（三）仪式

产品的造型和应用暗示了日常生活的意义或者象征角色，尤其是某些仪式性的场合，需要产品以不同的视觉形象或者使用过程加以呈现。如慢物质设计团队2023兔年春节新年财源滚滚DIY礼盒，以具有代表性的年画元素为设计主题，辅以DIY印刷年画的流程，加强用户使用时的仪式感（图5-27）。

图5-25 积家品牌樱花规范指针空气钟

该空气钟以外露的形式展现品牌独创的582型机芯，以及规范指针设计，用层叠布局分别呈现时、分，避免指针重叠造成的读时误差，向用户表达了精美而准确的产品运行程序。

图5-26 慢物质月光白茶礼盒

该礼盒采用白色烫纸透纸来制作外包装盒，盒底设置LED灯，去掉内部的茶包后即可变身月光夜灯，实现产品对用户使用情景的交互和再利用。

图5-27 慢物质2023兔年春节新年财源滚滚DIY礼盒

该礼盒探讨了传统年画的创新与复活形式，滚筒画面保留了民间木刻的精髓，并配置了快捷印台和卡纸等配件，与雕版滚筒配套，使用户可以轻松体验年画滚印流程，增强了产品的使用仪式感和趣味性。

（四）环境

产品的形态、大小、色彩、材质等，与周围的自然环境或社会环境进行协调而进行的设计。如日本琉璃光院的建筑设计就充分地利用了环境的影响力（图5-28）。

（五）意义

从相关事物产生的联想，如以可爱的动物造型设计的幼儿沐浴包装设计（图5-29）。

（六）历史

通过与历史的对话与记忆，创造全新的产品。如故宫文创团队设计的故宫初雪调味罐组合三件装（图5-30）。

（七）潮流

根据潮流趋势进行设计，如来自意大利的年轻的3D艺术家、建筑师和制作人汉尼拔·西西里（Annibale Siconolfi），对反乌托邦城市和未来景观进行复杂的3D建模，灵感从科幻电影到当代建筑，展现设计师对全球变暖、人口过剩、污染等敏感问题的思考（图5-31）。

图5-28 日本琉璃光院的建筑设计

日本琉璃光院原址是京都望族田中源太郎所修建的别墅，明治时期命名为"喜鹊亭"，后请日本知名建筑师与造园师进行整修，成为高级料理旅馆，充满日式侘寂美学。2005年被净土真宗无量寿山光明寺买下，因庭院中布满绿苔和色彩丰富的植物、主建筑琉璃庭光影缤纷，将其命名为琉璃光院。琉璃光院在设计中充分运用自然环境取景，塑造出寂静而又令人敬畏的氛围，体现了天人合一的设计理念。

图5-29 Bebo幼儿沐浴包装设计　设计师：莫妮卡·比拉帕（Monica Bhyrappa）

该沐浴包装具有动物的有趣形状，其中洗发水瓶是一头大象，鼻子做的圆圈可以用作泡泡机；大熊猫啫喱皂盒是软软的玩具，而长颈鹿粉瓶可以当拨浪鼓使用，在产品使用完后也可以作为玩具，让孩子和这些动物之间建立一种情感联系，进而加深孩子保护动物的意识。

图5-30 故宫初雪调味罐组合三件装

该组合产品，搭配铜狮、仙鹤、紫禁宫墙三款造型，可用于糖、盐、味精等调味品的储存，使用时如同故宫下雪的场景，不仅满足了用户对产品功能性的需求，在使用过程中还能不断加强用户对历史的欣赏与敬畏，强化民族自信。

图5-31 未来城市

汉尼拔·西西里的作品场景多表达对未来的不同看法，尝试现在的时间或位置进行构想，通过这种方式呈现了如灯火通明的城市被淹没，技术漩涡悬浮在太空中，反乌托邦风格的外墙等超级壮丽的图像。

八、色彩研究

色彩是视觉化的重要组成，通过色彩可以产生联想、传达语义或改变情绪，可以以色彩象征某种特定的功能、以色彩制约和引导用户行为，同时色彩也是仪式、记忆、象征、情感的集合。

产品的色彩与产品的功能、形态、材料等属性相关，与使用情境和用户的生活环境紧密关联，从商业角度看，色彩还与产品的形象识别、企业形象相呼应，被广泛地用于产品的宣传和推广中。此外，在产品色彩的应用中，必须关注色彩的功能性、地区性、系统性和流行性。同时，产品材料的表面处理也会对色彩的表现有所影响，表面处理技术的不同，可以塑造亚光、高光等肌理效果。

九、人机工学研究

以人为本的产品设计，人机工学研究是重要的设计因素，当今的产品需要充分地考虑人的动作、视觉等特性，从心理上、视觉上、使用上使产品与人相适应，操作上易用、易懂，视觉上便于识别，不仅要考虑产品的整体，还需要考虑细节如按键、把手等，不仅要考虑产品的硬件部分，还需要考虑产品的操作软件部分。如丹麦B&O品牌的书本式轻巧无线扬声器（Beosound Emerge），在狭窄空间也能轻松放置，操控按钮简约直观（图5-32）。

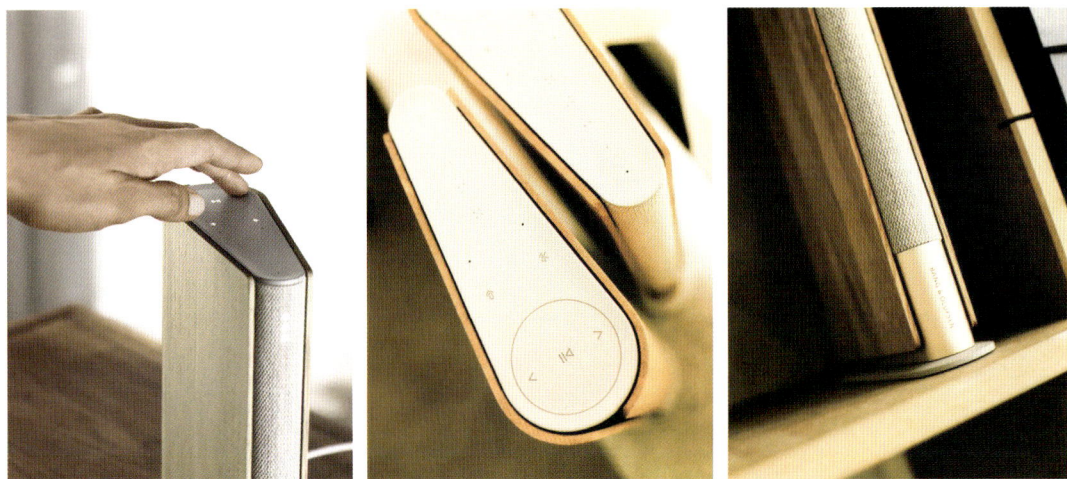

图5-32　B&O品牌的书本式轻巧无线扬声器

产品设计中的人机工学研究需要遵循以下设计原则：

（1）用户能够简单直观地使用和识别。

（2）对象物醒目、反映信息明确。

（3）通过视觉可以了解产品的功能，有明确的操作提示。

（4）较为容易地理解产品的动作状态，提供各种表达形式，使内部的状态能够被用户感知。

（5）提供操作装置和操作顺序两方面的信息，使得用户能够准确操作。

（6）符合人的感官对形象含义的经验。

十、界面研究

界面（UI）就是人与产品之间的互动方式的物化表现，产品界面包括硬件的实体界面和软件的图形、声音界面。界面作为一种传达理念、操作等信息的综合方式，直接影响人对产品使用的便利性，继而影响用户对产品视觉形象的整体评价。如博物馆游览界面设计，可以系统地整合博物馆的文物、导览、消费等信息，便于用户进行了解和选择。

用户界面设计不仅体现出产品各部位的功能与操作，还会在细节方面极大地影响产品的外观，用户界面设计需要遵循以下原则：

（1）界面设计简约清晰。

（2）功能分类，以清晰的形状、色块、材质或者指示线区别说明。

（3）按照视觉流程和层次进行分区排列布局，注意使用的重要性和频率。

（4）注意分区和分区之间元素的呼应。

（5）形象而生动地体现各部位之间的功能和操作。

（6）合理利用装饰。

（7）运用各种造型元素，如形状、大小、肌理、色彩等，突出界面的重点。

（8）功能要素如电源开关、音量控制等按键需要适度集中。

💡 思考练习题

1. 设计师能够使用哪些不同的方式来与新用户就一款自动音响系统进行交流？每种方式的优劣势各是什么？

2. 什么情况下被调查者会高估自身购买产品的可能性？

3. 什么时候使用工作原型来与潜在用户交流是最好的？

4. 产品概念表达的形式有哪些？

△ 复习指导提纲

本课程讲述了产品研发与创新设计过程中关于概念的生成、选择、测试、表达的理论内容，概念的生成、选择、测试、表达对产品的开发起着至关重要的作用，应用于产品研发的全过程中，能够对设计者、制造者、经营者提供有效的指导性建议。

第 6 章
产品架构与原型化

产品的实体单元由组件构成，每一个组件又由若干个完成产品相应功能的零件组成，产品架构通过各实体组件连接功能单元，并使各组件顺利发挥各自的作用。产品的原型可以从两个角度进行分类，第一个角度是原型的实体化，第二个角度是原型的综合程度。

课程名称： 产品架构与原型化

课程内容： 产品架构
产品原型化

上课时数： 8课时

训练目的： 掌握产品架构与原型化的建立与管理要点，理解产品原型化的重要性，能够使用实验室的设备以及相应的耗材进行原型的实践练习并总结实践过程。

教学要求： 1. 掌握产品架构的搭建与应用；
2. 掌握产品原型的相关知识点并进行产品原型化实践。

课前准备： 阅读产品架构与产品原型化相关书籍。

课前引导： 1. 什么是产品架构？其目的和意义是什么？
2. 什么是产品原型？如何建立产品原型？
3. 画出手表的结构示意图，并尝试描述其产品架构。
4. 运用实验室的设备快速完成一个设计稿的原型制作。

第1节
产品架构

架构最初指的是建筑物的构架，在现代商业世界中，架构又有了新的内涵，指的是产品或组织中所存在的内在连接或逻辑。产品设计中架构的含义指的是功能与物理两个模块相互关联的方式，其中每一部分的设置都由功能决定，但此时也需要考虑各个部分的接口形式，可以将系统架构的含义明确为系统模块的配置和模块之间存在的关联作用。

随着产品设计行业的不断细分，产品架构师已经逐渐形成一个独立的岗位，产品架构师是在产品规划经理的基础上进一步划分而来，其主要的工作内容是基于产品规划的内容绘制产品架构图，产品架构图中又包含多方面的内容，其中最重要的是业务、应用、数据和技术。产品架构师不仅需要能独立地完成产品规划、需求拆分、功能设计、原型绘制的工作，也能根据以上的内容完成产品架构图的绘制工作，并通过产品架构图使技术保障团队的技术架构师和研发负责人清晰、准确地理解产品，并找出技术实现的路径，本章以家用打印机的开发架构案例，对产品架构的确立进行说明。

⊞ 案例

家用打印机的开发架构

某公司的主要产品为家用打印机，目前已有三款家用打印机产品在市场的销售情况呈增长趋势。随着用户需求的变更，产品研发部门需要在思考应对用户需求的同时，继续细分市场的需求，并持续地降低这些产品的制造成本，由此会出现以下问题：

如何通过产品架构实现产品多样化？

不同的产品架构对成本意味着什么？

产品架构对该公司完成产品设计的能力有怎样的影响？

一、设立架构的时间

产品架构是产品诞生之前的结构性骨架，当骨架被反复修订确认后，产品的前端功能、后续的细节填充等实质性的产品研发才正式启动。产品架构包含产品的外观设计、功能设计、数据库、后台数据处理、运用维护平台、前后端交互等一整套的设计与运转逻辑，是一个产品形成的全部过程。

在产品处于概念开发的阶段，产品架构就应该同步开始设立，但这时的产品架构表现为草图、功能图或概念开发阶段的早期原型，原因在于产品的基础技术和工作原理需要逐步确定，以及在产品研发过程中，供应链或者产品的多样性出现问题时，需要再次确定产品架构。

二、产品架构的模块化

产品可以从功能和实体上来认识，产品的功能单元是指那些在产品的构成中有贡献的、能够独立运转和传输的能力板块，架构方面的决策应该便于各零部件的设计和测试，这样就可以使产品不同部分的开发工作能够同时进行。以本章家用打印机的开发为例，"储存纸张"和"与计算机通信"就是其中的两个功能单元，产品架构最重要的特征是其模块化程度。

（一）模块化程度的特点

模块化是将复杂的系统分解为可管理模块的方式，每个模块完成一个特定的子功能，所有的模块按某种方法组装起来，成为一个整体，完成整个产品体系所要求的功能。模块具有接口、功能、外部特性等基本属性，逻辑反映它的内部特性，在系统的结构中，模块是可组合、分解和更换的单元。常见的产品架构可以分为模块化架构和集成化架构，二者的主要区别见表6-1。具有集成化架构的产品在设计思想上往往力求具备更完善的性能，其产品各功能单元的实现由多个组件共同完成，主要用于复杂系统的产品研发。

表6-1　模块化架构与集成化架构的区别表

考量指标	模块化架构	集成化架构
功能执行	各组件分别执行一个或者多个功能	多个组件来共同实现功能单元
相互关系	组件间的相互关系明确	组件之间的相互关系并不明确
执行路径	组件间的相互关系是执行产品功能的路径	每个组件参与多个功能单元的实现

（二）模块化架构的分类

常见的模块化架构有槽型、总线型和组合型，每种类型体现着一种功能单元或组件与特定接口的关系，这三种类型架构的特征和接口形式见表6-2。

表6-2　不同类型模块化架构特征和接口形式

模块化架构的类型	特征	接口形式
槽型模块化架构	组件中的每个接口与其他接口类型不同，产品中的不同组件不能互换	

模块化架构的类型	特征	接口形式
总线型模块化架构	有一条通用的总线，其他组件通过相同的接口连接在总线上	
组合型模块化架构	所有的接口都是同种类型的，通过将组件以同样的接口互相连接完成架构	

三、产品架构的作用

产品架构可以将具象的产品和服务，以抽象的信息、模块、层级结构和关联关系来呈现，同时通过不同层级的交互关系、功能模块的相互组合、数据与信息的相互传递，表达产品的应用功能、业务流程、商业模式或者设计理念。确立产品架构在产品研发中非常重要，将直接影响如产品改进、产品多样化、零部件标准化、产品性能、可制造性和项目管理等方面，产品架构图方便规划者了解自身产品的组成部分，清楚而直接地理解各个业务单元之间的逻辑关系，方便进行业务的分工和梳理以及执行产品的迭代和拆解，还能为技术架构以及运营计划提供帮助。

（一）产品改进

组件是构成产品的模块，而产品架构决定了这些模块与产品功能之间的关系，因此产品架构也决定着产品改进的方法，模块化架构允许在不影响其他组件的情况下，只对产品中若干独立的功能单元进行修改，确立清晰的产品架构可以促进企业完成产品升级、添加组件、增强产品的适应性等，见表6-3。如果要对集成化架构中的组件进行修改，就会影响许多功能单元，需要对有关的组件同时进行修改。

表6-3 产品架构促进产品改进因素表

改进原因	说明
产品升级	技术和用户需求发展，促使产品不断升级以适应这种发展
添加组件	部分产品是以基本功能体售出的，在此基础上用户希望根据自己的需要增加一些其他的元件，如电脑扩容等
适应性	某些产品需要在不同的环境中工作，因此产品需要具有一定的适应性，如机床等
可替换性	产品的部分组件在使用的过程中磨损，为了延长使用寿命，需要替换某些组件，如剃须刀的刀片、汽车的轮胎等
易耗品	产品运行的过程中需要耗材，如打印机的纸张、相机的胶卷等
使用的灵活性	产品为了满足用户的不同要求，必须灵活搭配使用，如鱼竿能配合几种不同的线卷、帆船能够挂不同的帆等
更新产品线	在开发后续产品时，保留可用的功能单元，改变其内部的组件从而改变用户的界面，或者通过改变外形来更新产品线

（二）产品多样化

多样化是指企业为适应市场的需求而生产出的多样化产品，模块化的产品可以在不增加制造系统复杂性的前提下，实现产品的多样化。如斯沃琪（Swatch）手表公司为用户提供多样的表带表盘组合产品（图6-1）。

图6-1 斯沃琪手表公司为用户提供多样的表带表盘组合产品

斯沃琪手表公司采用不同的表针、表盘、表带、表壳的组合，可以形成各种各样的产品以满足不同用户的需求，并增加产品使用过程中的趣味性和交互性。

（三）零部件标准化

零部件标准化是指在多种产品中应用同样的零部件或者组件，如果一个组件可以实现一个或者几个有广泛用途的功能单元，那么这个组件就可以标准化，如手表的电池、遥控器的电池等。

（四）产品性能

产品性能可以定义为产品实现功能的程度，产品性能的指标包括速度、效率、寿命、精度和噪声等。产品架构有助于整体性能指标以及产品的尺寸、形状、质量指标的优化，如摩托车的结构支撑功能由一个框架组件完成，而动力转换功能由传动装置完成。

（五）可制造性

产品架构对成本也有一定的影响，产品架构通过对功能的归纳，可以促使产品零部件集成，从而使产品的可制造性提升。

此外，产品架构的搭建有利于精准需求转化，从宏观上梳理产品业务逻辑以及层次架构、判断产品的发展方向；可以通过产品架构完成信息快速传达，清晰直接地呈现设计师的思路、明确产品的边界；产品架构还可用于项目规划或项目总结中的演示，帮助不了解产品的人快速建立起对产品结构功能、复杂度的认知；产品架构还可以呈现为解决方案，产品常会有对应的通用需求场景，此时可以将一些模块进行产品化梳理，打造成为一种解决方案进行呈现。

四、建立产品的架构

产品架构对产品研发的后续流程以及产品的制造、销售都有着深远的影响，因而需要在开发人员综合各种因素后加以确定。一般而言，产品架构的搭建基于数据采集处理层、业务功能层和用户感知层。

以本章家用打印机产品的开发为例，在确定产品架构的时候，可以考虑通过创建产品示意图、对示意图中的组件进行分类、设计简略的几何结构、确定组件之间的相互作用关系来进行。

（一）创建产品示意图

产品示意图能够反映开发团队对产品组成的认知，如本章家用打印机产品的开发案例中，开发示意图可以划分为几个功能需求，并以不同类型的线条加以连接（图6-2）。

在产品概念设计的后期，示意图中的某些部分是实体概念，如进出纸张；有些部件与关键元件相对应，如墨盒；还有一些部件仅仅是功能上的描述，没有形成实体概念和具体元件，如"显示状态"。

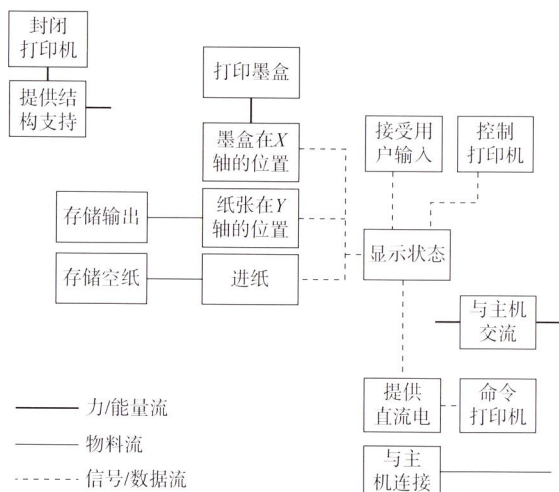

图6-2 家用打印机产品的开发示意图

（二）对示意图中的组件进行分类

在罗列产品功能需求后，开始对组件分类，此阶段需要把示意图中的每个元素都划分到相应的组件中（图6-3），在划分的过程中需要注意以下因素：

（1）精准性：把示意图中的几个单元集成到一个组件中，使设计人员更好地把控这几个单元的关系。

（2）功能共享：当一个单独的实体组件可以实现产品的若干功能时，这些功能单元最好能集成在一起。

（3）供应商能力：供应商能力与产品研发密切相关，开发人员可以把供应商集成到同一个组件中。

（4）归纳相似性：当两个或者更多的功能单元可能用同样的设计、生产技术完成时，可以将这些元素集成到同一组件中，从而降低成本。

（5）集中修改：当开发过程中发现某些单元可能要做大量修改时，可以把该单元独立为一个模块化的组件，这样对该组件的修改就不会影响到其他组件。

（6）适应多样化：组件的分类需要适应用户需求的多样性，如电脑的扩容等。

（7）通用化：如果某一套元件在其他产品中也可以使用，那么应该把这些元件集中在一个组件中，以提高组件中各实体单元的

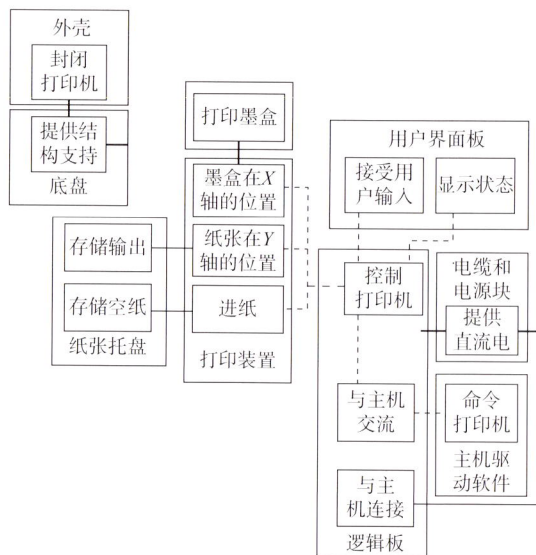

图6-3 家用打印机的组件分类示意图

生产质量。

（8）关联的便利性：有些组件可以在长距离内采用电子信号或者网络形式进行传递，这些组件可以拆分进行设计和生产。

（三）设计简略的几何结构

几何结构可以采用草图、计算机模型或者实物物理模型进行设计，设计几何结构时，设计人员要考虑组件之间的几何关系是否可以实现，并确定组件之间的基本空间关系。

（四）确定组件之间的相互作用关系

组件可能来自不同的设计师或团队，在统筹时需要协调、交流各组件的信息，为了更好地管理产品研发流程，开发人员需要在系统设计阶段就明确组件之间的相互作用关系。清晰的产品架构图必须有清晰的模块功能边界，功能做到标准化、相互独立，上下游产品的功能边界清晰，架构分层明确合理，同时具备持续迭代优化的能力。

（五）延迟差异化

假设有三种打印机，需要适应三个不同的电源，在产品研发中就必须考虑供应链的问题。供应链是连接原材料和各组件至用户手中产品的一系列生产和分发活动，将产品的差异化推迟到供应链的末端称为延迟差异化，这样就可以减少供应链的成本，延迟差异化有两个必要的设计原则：

（1）产品的差异化需要集中到一个或者几个组件中。

（2）在设计和生产产品的流程中，考虑在供应链的末端加入差异化组件。

（六）权衡差异化与共同性

以本章家用打印机产品的开发为例，可以分为三种使用场景：家庭、学生和小型办公，为解决这三类用户需求，打印机公司可以提供三种完全不同的产品，也可以针对这三类用户只提供一种产品，还可以通过打印机中一部分组件的不同对产品进行差异化。

1　差异化设计

差异化设计可以体现不同类型产品之间的区别，也可以针对不同的使用场景提供不同的服务内容，如打印质量的参数、打印速度、占地面积等，见表6-4。

表6-4　三种不同类型的小型打印机的差异化属性

差异化属性	家庭	学生	小型办公
黑白打印质量	"近乎激光"质量（300dpi）	"激光"质量（600dpi）	"激光"质量（600dpi）
彩色打印质量	"近乎图像"质量（1920dpi×1080dpi）	"近乎图像"质量（1920dpi×1080dpi）	"近乎图像"质量（1920dpi×1080dpi）

续表

差异化属性	家庭	学生	小型办公
打印速度/（页/分钟）	6	8	10
占地面积/mm^2	360（长）×400（宽）	340（长）×360（宽）	400（长）×450（宽）
纸张存储量/页	100	100	150
类型	普通用户	年轻用户	商用
与计算机的连接	USB 和并行接口	USB	USB
操作系统兼容性	Mac 和 Windows	Mac 和 Windows	Windows

2　共同性设计

共同性设计表明了不同产品在组件上的相同之处，在产品研发的过程中，制造商和工程师为了降低成本，希望在不同类型的产品中使用同种组件，但是这种设计会使产品差异化降低，从而使产品在市场同类竞争产品中缺乏特殊性。

差异化和共同性需要在设计中进行权衡。例如，学生型打印机有占地面积较小的优点，对居住空间较为紧张的大学生群体而言，这是一个很有吸引力的卖点，但是这一差异化属性可能意味着学生打印机需要一种不同的打印机装置组件，这可能会增加打印机设计或者生产的成本。这种使产品适应用户需求的期望和降低成本之间的矛盾，在团队研发过程中会十分突出，设计师在权衡这个矛盾的时候可以参考两个因素，一是平台规划的决策应该基于对成本和销售收入的预计，二是产品架构需要权衡产品研发中的差异化和共同性程度。

五、产品架构图绘制

产品架构图是在产品经理提出的需求规格、功能列表、原型设计的基础上，从产品的业务、数据、技术等角度准确地说明产品架构的图示。产品架构图应该包含业务框架、应用框架、数据框架和技术框架，这四种框架之间由决定、影响、支撑三种关系构成（图6-4）。产品架构图的绘制可分为勾画业务流程图、对业务流程进行细化梳理、划分产品功能模块等步骤。

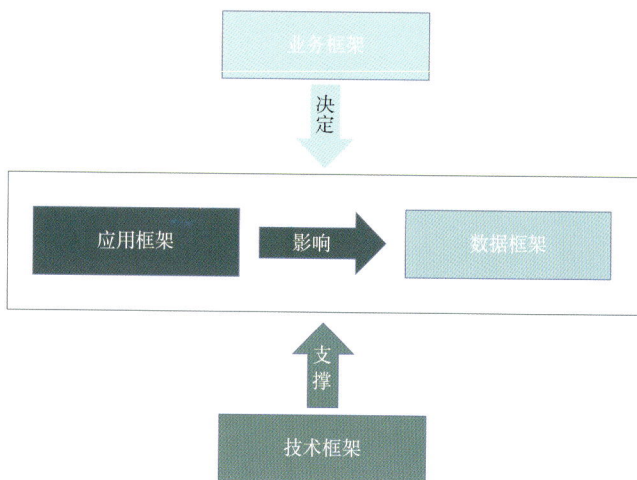

图6-4　产品架构图

（一）勾画业务流程图

根据产品的实际业务需求，基于用户、角色、场景，梳理和勾画用户核心的业务流程，以客户关系管理App研发为例，其业务流程包括营销指标下发、广告/活动投放、客户线索获取、销售商机培育、客户成单、财务管理等项目。

客户关系管理（customer relationship management，CRM），由高德纳（Gartner Group Inc）公司于1999年首次提出此概念。CRM指企业为提高核心竞争力，利用相应的信息技术以及互联网技术，协调企业与用户间在销售、营销和服务上的交互，从而提升其管理方式，向客户提供创新式的个性化的客户交互和服务的过程，其最终目标是吸引新客户、保留老客户以及将已有客户转为忠实客户，增加市场份额。

（二）梳理业务流程

据业务流程罗列对应功能模块和处理机制（图6-5）。

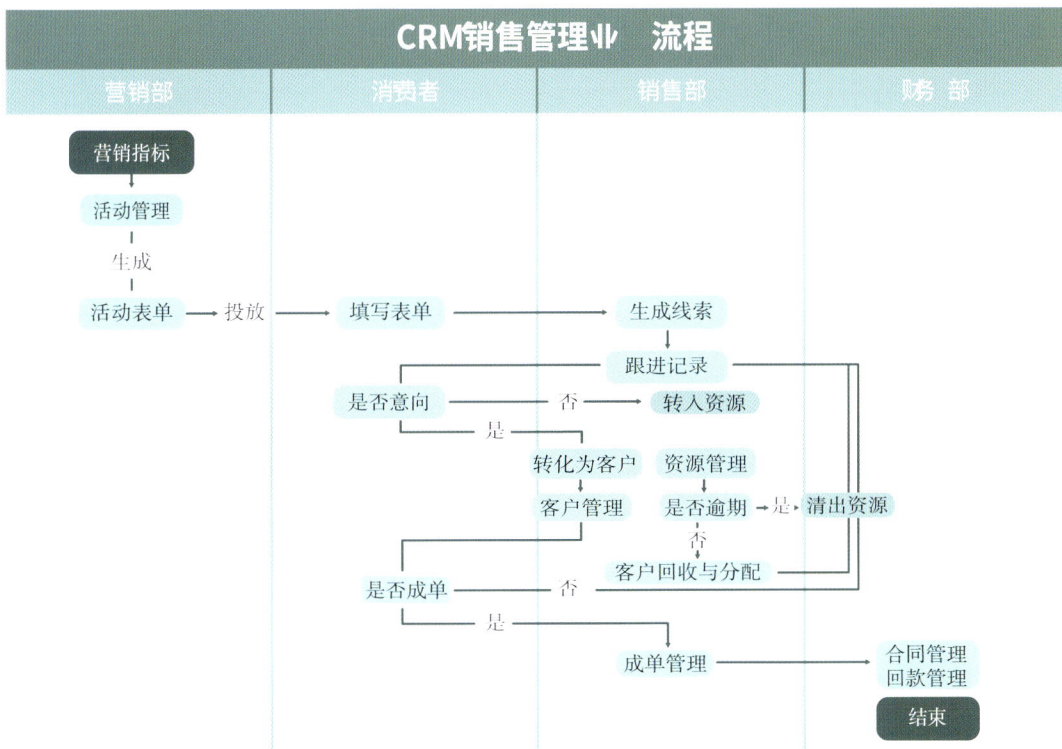

图6-5 CRM销售管理业务流程

（三）分解产品功能

根据上述分析，依据业务流程罗列对应功能模块和处理机制，可以抽象地划分出几大功能的分区（图6-6）。

图6-6 功能分区

（四）划分产品功能模块

根据对产品功能模块的划分，进一步梳理活动管理、线索管理、销售业绩、客户资源、合同与回收情况（图6-7）。

图6-7 划分产品功能模块

（五）纵横分层

基于上面梳理的功能矩阵，将同一范围的产品功能放在同一个层级中（图6-8、图6-9）。

财务管理	合同与回款	合同详情	回款详情	发票详情	增/删/改/查

系统服务	系统登录	个人信息	账号管理	部门管理	角色管理	数据分析	系统设置	消息中心

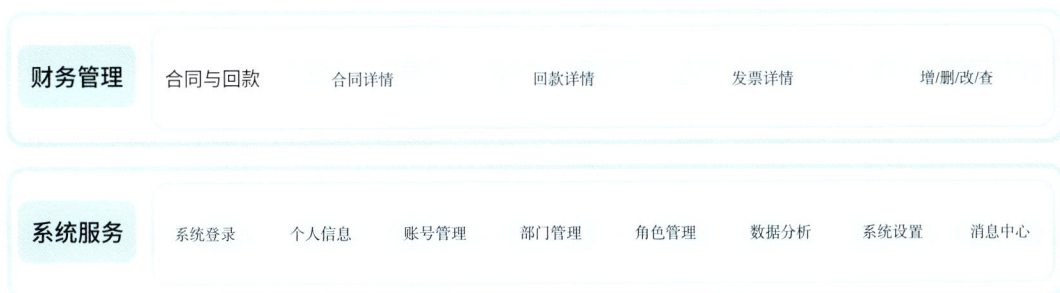

图6-8 横向分层

纵向分层　　基于横向分层的基础上，自下而上处理不同架构层级的关系，依据系统类型划分边界

表现层　　Web段客户关系管理后台　　客户关系管理系统移动端　　数据看板（BI）

应用层

销售管理	**线索管理**	添加线索 查询线索 线索详情		**活动管理**	活动创建 活动编辑 活动投放
	客户管理	添加客户 查询客户 客户详情 转为客户 转入资源 库存情况 跟进记录		**财务管理系统**	合同详情 回款详情 发票详情 增/删/改/查
				资源管理系统	资源列表 客户回收与库容 客户分配及回收规则
	成单管理	查询订单 商品信息 支付信息 合同信息 回款信息 售后跟进		**绩效管理系统**	添加绩效 查询绩效 绩效分析

基础系统服务	系统登录	个人信息	账号管理	部门管理	角色管理	数据分析	系统设置	消息中心

数据层	营销活动数据	运营数据	销售业绩数据	客户数据	外部数据汇集	商品信息数据	表单线索数据

图6-9 纵向分层

（六）完成架构图

以后台管理系统设计为例来绘制产品架构图，无论是CRM系统还是OA系统等，均可参考这类设计架构的方法，对架构图的设计有重要的参考价值（图6-10）。

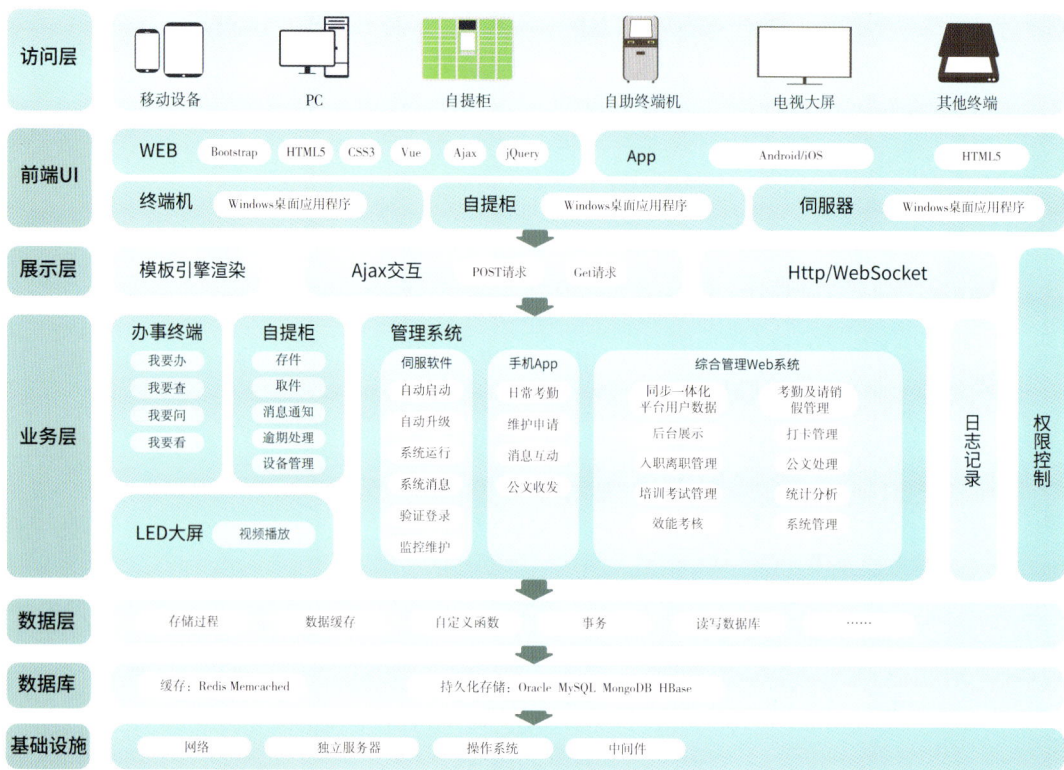

图6-10 后台管理架构方案

第2节 产品原型化

产品原型是产品投放市场前经过详细设计的产品模型，所涉及的设计、材料、部件以及装配方式需要与最终产品保持一致。产品原型作为产品设计方案和底层逻辑的可视化表达，需要完整清晰地呈现出产品目的及需求，产品经理和设计师依靠它向研发人员传达设计理念，研发以及生产部门也以其为参考标准进行产品研发与生产。

一、产品原型化概念

原型在字典中仅定义为名词，但是在产品研发与创新设计实践中可以作为名词、动词和形容词，当原型作为名词时指的是设计师们按照他们的理念制造原型，当作为动词时指的是设计师们原型化一个设计，当作为形容词时可指软件开发者编写一个原型程序。在产品的研发与创新设计中，原型的定义概括了概念草图、数字模型、模拟、测试元件的试制品，而原型化则是开发产品原型的全过程。

（一）原型的分类

产品原型可以从两个角度进行分类：第一个角度是原型的实体化。实体化原型是可以触碰的实物，该实物是产品的一个近似品，包括满足视觉的外观模型、用于快速检测的概念证实型原型，以及用于证实产品功能的实验型原型。第二个角度是原型的综合化程度。综合化原型能够完成产品的绝大多数属性，其与日常使用的样品非常接近，因此是一个全范围、全功能的产品版本。

（二）原型的作用

在产品研发过程中，使用原型可以发挥学习、沟通、集成和里程碑四个作用。

（1）学习：此类原型通常用于回答"产品是否可以工作？""产品是否能够满足用户的需求？"

（2）沟通：原型加强了开发团队与高层管理者、供应商、合伙人、开发团队、用户以及投资者之间的沟通，以一个可见的、能够触碰的三维图形表现一个产品，相比语言描述和设计草稿更加直观和易于理解。

（3）集成：原型可以测试产品的子系统及组件是否能够如预期一样协同工作，在产品研发项目中以综合化的实体原型检验最为有效，因为它要求零件、各部件之间相互协调，并与零件组成一个整体的产品。

（4）里程碑：在产品研发的后期，原型可以用于验证产品在功能上是否达到预期水平，即作为里程碑，可以提供可触知的目标，展示进展情况，并用来加强进度安排。

（三）原型的优势

在产品研发与创新设计中，使用原型具有以下优势。

（1）解析化原型一般比实体化原型更具灵活性，修改也更为便捷。

（2）检测不可预见现象需要采用实体化原型，一个实体化原型经常能揭示出与最初目标完全不同且不可预见的现象或问题。

（3）原型可以降低昂贵的迭代风险，特别是制作模具之前，原型的测试可以决定一个产品是否需要返工。例如，一个零部件和其他配件之间的吻合性很差，为了适应整个产品，这个零部件需要重新设计生产。

（4）原型可加快其他开发步骤，原型化阶段所需的时间短于后续活动节省的时间，快速的原型化可以使后续的活动完成得更快。例如，模具设计过程中，具有复杂几何形状部件的实体化模型可以使模具设计者更快更好地细化和完成模具设计。

在产品研发的过程中，"制造什么类型的原型"和"如何将原型编入开发计划中"是最重要的两个问题。

二、产品原型化技术

近十年来出现了两种重要的原型化技术，分别是三维（3D）计算机建模和3D打印。与传统的机械加工方法相比，当前的产品原型化技术可以由3D软件直接驱动，速度和效率得到大幅提升，可以快速成型任意复杂的3D几何实体，型面的塑造不受传统加工技术的限制，可以采用分层制造的方法将3D的问题转化为二维（2D）形式来解决，制造的材料多样而广泛，由于能够快速迭代，企业能够快速把握商机。当前的原型化技术不仅可以在产品研发与创新设计中运用，在材料工程、医学、建筑以及航空领域也能发挥积极的作用。

（一）3D计算机建模

自20世纪90年代以来，产品原型表现的主要形式发生了重要变化，从草图发展到3D计算机辅助设计模型，这些3D模型由圆柱、块、孔等立体几何单元组成，能够全面地展现出实体形态。目前大多数开设产品设计专业的院校均同步开设了3D计算机建模课程，学生能够较为熟练地使用计算机建模软件进行绘图和设计（图6-11~图6-13）。

图6-11 3D建模渲染设计 设计师：孙资越（四川师范大学）

图6-12 3D建模渲染设计 设计师：张汉（四川师范大学）

图6-13 3D建模渲染设计 设计师：张霁幽（四川师范大学）

3D计算机建模可以利用3D设计的可视化来创建逼真的图形，同时还能自动计算实体的属性，并依据标准设计来描述创建的图形。3D计算机建模可用于创建剖面图和加工设计图等，被广泛应用在影视、建筑、室内设计等领域（图6-14）。

3D计算机建模还可以用于原型分析，可以反映一种或者多种材质之间的冲突，如运动学、力学，此外工程师还可以使用3D计算机建模来计算热流和热能耗散。当前3D计算机建模软件分类及信息见表6-5。

图6-14 使用3D Max建模设计的沙特阿拉伯垂直都市

表6-5　常见3D计算机建模软件分类及信息表

类型	软件名称	所属公司	适用板块	适用性
专业3D建模软件	3D Max	美国Autodesk公司	建筑模型、工业模型、室内设计等	基于PC系统的3D建模、动画、渲染的制作软件，为用户群最为广泛的3D建模软件之一
	MAYA	美国Autodesk公司	影视广告、角色动画、电影特技等	集成了两个3D软件Alias和Wavefront，渲染真实感极强，是电影级别的高端制作软件
	Softimage	美国Autodesk公司	影视动画	广泛应用在电影中制作视觉效果
	LightWave	美国NewTek公司	电影、电视、游戏、网页、广告、印刷、动画等领域	电影布景模型、游戏场景与动画都可使用
	Rhino	美国Robert McNeel公司	产品设计等	对机器配置要求较低，但设计和创建3D模型的能力强大，特别是在创建NURBS曲线、曲面方面
	Cinema 4D（C4D）	德国Maxon Computer公司	3D建模、动画	欧美日最受欢迎的三维动画制作工具
	Creator	加拿大Presagis公司	城市、建筑模型	输入、结构化、修改、创建原型和优化模型数据库均较便利
CAD建模和产品设计软件	AutoCAD（Auto dest Computer-Aided Design）	美国Autodesk公司	土木建筑、装饰装潢、城市规划、园林设计、电子电路、机械设计、航空航天、轻工化工等领域	适用于制作平面布置图、地材图、水电图、节点图及大样图等
	CATIA	法国Dassault Systems公司	机械行业、航空航天、汽车工业、造船工业等领域	支持从项目前阶段、具体的设计、分析、模拟、组装到维护在内的全部工业设计流程
	SolidWorks	法国Dassault Systems公司	教育机构	操作简单方便、易学易用
	UG NX	美国Unigraphics Solutions（UGS）公司，后被德国西门子公司收购	通用机械、航空航天、汽车工业、医疗器械等领域	CAD/CAE/CAM一体化的三维软件

续表

类型	软件名称	所属公司	适用板块	适用性
CAD建模和产品设计软件	Pro/Engineer	美国Parametric Technology Corporation（PTC）公司	模具设计与制造、机械行业	CAD/CAM/CAE一体化的三维软件
3D雕刻建模软件：笔刷式高精度建模软件	ZBrush	美国Pixologic公司	产品设计	能够雕刻高达10亿多边形的模型
	MudBox	美国Autodesk公司	3D雕刻建模软件	用户除需要熟练掌握软件的各种工具及雕刻技巧外，还需要具有较好的艺术和绘画功底
	MeshMixer	美国Autodesk公司	混合3D模型	让用户通过笔刷式的交互融合现有的模型来创建3D模型
基于草图的3D建模软件	SketchUp	美国Google公司	建筑、室内场景	自动识别线条、自动捕捉，画线成面、面后拉伸成体
基于照片的3D建模软件	Autodesk 123D	美国Autodesk公司	物体、人物或场景	设计、编辑、创建简单的三维图形
其他3D建模软件	Poser	美国Metacreations公司	人体造型、动作和动画	基于人类学形态特征数据快速形成不同年龄段的男女脸部及肢体造型
	Esri CityEngine	美国Esri公司	数字城市、城市规划、轨道交通、游戏、电影制作等领域	已有的基础GIS数据不需转换即可迅速实现三维建模

（二）3D打印

1984年第一个自由制造系统由3D Systems公司推出，这种被称为"光固化立体造型技术"的技术与其后数十种类似的技术被称为快速原型化，3D打印使3D立体原型的制造更加快速且节约成本，积极采用这些技术可以极大地节省开发时间、改进最终产品。除了能够更快地构造原型外，这些技术还能快速且低价地展现产品概念，从而使这些产品概念能够更方便地传达给他人。3D打印通过切片、堆积成型等步骤完成。

常见的3D打印材料有塑料、石蜡、纸张、陶瓷和金属（图6-15～图6-18）。目前，高分子材料已经成为种类最多、应用最广泛的3D打印材料，越来越多的制造企业采用3D打印直接制作高分子材料快速原型件，并投入使用以缩短新产品的开发周期。

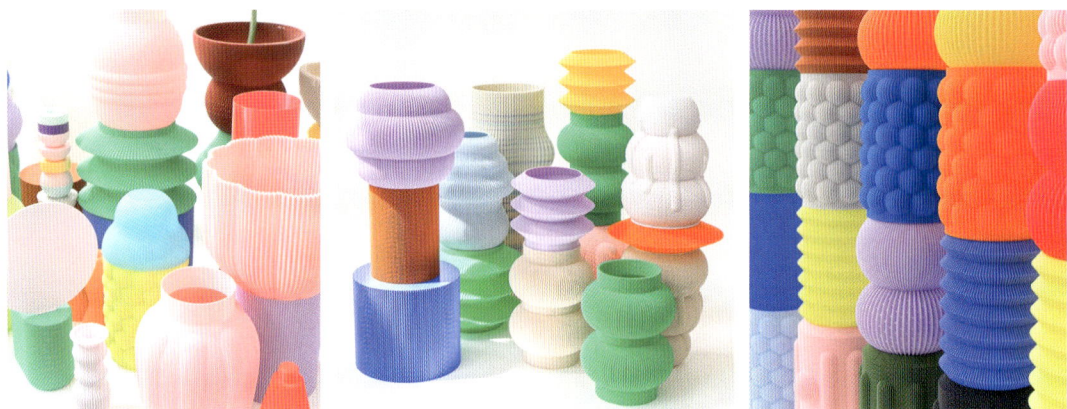

图6-15 3D打印技术呈现的不同色彩与肌理效果

图6-16 3D打印陶瓷艺术品

当前，全球出现了一系列大型从事3D打印技术的公司，其打印技术类型、所属公司、工艺特征、技术局限、适用领域信息见表6-6。

图6-17 3D打印服饰

图6-18 3D打印首饰

表6-6 常见3D打印技术及技术信息表

3D打印技术类型	所属公司	工艺特征	技术局限	适用领域	代表性公司	代表打印机
光固化成型（SLA技术）	美国3D Systems公司	制件精度达±0.1mm；表面质量达到机磨加工效果；成型质量好；可直接用于中小精细零件的快速制作	制件韧性较差，设备投入及光敏树脂使用成本高等	概念设计、单件小批精密铸造、产品模型、快速模具等	美国3D Systems公司、德国EOS公司、上海联泰科技股份有限公司等	上海联泰科技股份有限公司推出的全球超大尺寸SLA打印设备G2100，成型尺寸2100mm×700mm×800mm，可以一体化打印大尺寸原型
选择性激光烧结成型（SLS技术）	20世纪80年代由美国Deckard博士研发	适合以高分子聚合物为基，复合陶瓷、玻璃等粉末的复合材料来打印零件	温场控制，即如何保证零件在烧结过程中不会出现翘曲、变形	采用该技术制作的快速原型件大部分采用各种尼龙材料	德国EOS公司、北京隆源自动成型系统有限公司、湖南华曙高科技股份有限公司等	湖南华曙高科技股份有限公司推出的HT1001P设备，成型尺寸范围可达1000mm×500mm×450mm，打印的尼龙件可直接用于装配和性能测试，缩短了制造周期
熔融沉积成型（FDM技术）	美国Stratasys公司	可用于设计验证、结构验证；利用ABS、PC等材料打印的零件可直接用作功能件；可直接打印大型模具，后续通过机加工来提高精度，可作为铸造模具和低温注塑模具使用。该技术原理简单、设备投入和使用成本较低	需要增加支撑结构，导致后期支撑处理比较困难	利用从加热头中喷出的工程塑料细丝堆积来得到零件	美国Stratasys公司、宁夏共享集团股份有限公司等	美国Stratasys公司推出的Fortus 900打印范围达914mm×610mm×914mm，宁夏共享集团股份有限公司推出的IShare系列设备成型范围达2000mm×1200mm×600mm
多射流熔融成型（MJF技术）	惠普公司	MJF打印过程是"面成型"，打印速度可提高10倍以上。打印过程无须支撑，后处理难度较低，可有效提高快速原型件的成型速度	该技术在效率和成本上具有较大优势	利用两个单独的多阵列喷头来制作零件，打印时，一个打印头左右移动、喷射高分子材料，另一个打印头上下移动、喷射助溶剂和细化剂，保证制件的强度和精度；随后，热源会对已经、正在沉积的材料进行加热熔融。通过分层打印，最终堆积得到需要的零件	美国惠普（Hewlett-Packard，HP）公司	惠普Jet Fusion 4200成型范围为380mm×380mm×284mm，但打印材料仅有尼龙11（PA11）、尼龙12（PA12）两种，目前已在产品功能性原型、工装夹具、个性化定制、小批制造等方面得到应用

三、制订原型化计划

在尝试制造和测试原型前，需要制订原型化计划。制订原型化计划具体的步骤可以分为界定原型目的、建立原型近似水平、制订实验计划和制订采购、建造和测试时间表四步。

（一）界定原型目的

原型的四个目的分别是学习、沟通、集成和里程碑，在界定原型目的的过程中，研发团队列出具体的学习和沟通的需求，并将需求集成，然后按照需求清单明确这一原型是否可以作为整个产品研发与创新设计项目中的一个里程碑使用。

（二）建立原型近似水平

确定原型与最终产品的相近程度，检测实体化原型与最终产品的差异。

（三）制订实验计划

原型实验计划包括确认各种变量、测试草案、进行测试以及分析最终的数据。

（四）制订采购、建造和测试时间表

建造一个原型可以看作产品研发与创新设计过程中的一个子项目，对于一个原型计划来说，如下三个时间节点非常重要。

（1）部件的可装配日期。

（2）原型进行首次测试的日期。

（3）完成测试并产生最终结果的日期。

此外，在产品研发与创新设计的过程中，里程碑原型设计、制造、检测要消耗大量的时间和资金，但是并不能因此而减少高工程化的里程碑原型。一般来说，里程碑原型至少需要开发2个，有时甚至是4个或者更多。

💡 思考练习题

1. 产品架构的决策对产品研发与创新设计具有深远的影响，会影响产品改进、产品多样化、零部件标准化、产品性能、产品可制造性和产品研发与创新设计管理。在模块化的架构中，每个实体组件实现特定的功能单元，并和其他组件有着明确的相互作用。请尝试设计一款家电产品，并采用模块化架构对其进行产品升级。

2. 本次产品原型化实践环节要求学生建立团队，模拟全套产品研发流程，使用实验室3D打印设备创建产品原型并进行实验，完成实验报告。

🔺 复习指导提纲

产品架构是产品经理或设计师用来表达自己产品研发目的的图示，可以清晰地将产品功能信息化、模块化，并通过不同分层的交互关系、功能模块的组合、数据和信息的流转，传递产品的业务流程、商业模式和设计思路，它是产品研发与创新设计过程中不可或缺的文档之一。当产品架构图被设计出来后，清晰的产品思路能帮助别人快速建立对项目的产品结构、功能、交互、复杂度等问题的认知，同时帮助技术和运营成员产出项目推广计划、技术系统架构方案等强依赖产品方向的方案。一张优秀的产品架构图需要具备清晰的模块功能边界，功能做到标准化、互相独立、上下游产品功能边界清晰，架构分层明确合理，具备持续迭代优化的能力。在产品研发与创新设计过程中可以持续更新产品架构图，每次修改的过程对提升产品架构能力的帮助都非常巨大。

产品原型化基于当前科技发展而日新月异，原型化原理对原型的决策具有重要的意义，3D计算机建模和3D打印技术减少了建立原型所需的成本，缩短了时间。请思考：哪一类产品可以使用原型化技术？如何快速生成原型？如何在降低成本的前提下制作原型？

第 7 章

产品研发与创新设计项目管理和经济性分析

产品研发与创新设计项目管理是指从产品研发与创新设计立项批准到产品投放市场的过程，其中包含了计划、管理、实施和协调等工作，实施过程中还需要进行反复的检测、控制、调整和反馈，以最终完成产品研发与创新设计。产品的经济性分析基于设计师对市场销售情况、用户的经济承受能力以及产品的生产成本的把控，再根据上述信息不断对产品进行优化，保证产品功能完善、使用性能稳定、外观符合大众审美需求，同时不断地降低产品的设计生产成本，从而提高产品的经济效益。

课程名称： 产品研发与创新设计项目管理和经济性分析

课程内容： 产品研发与创新设计的项目管理
产品研发与创新设计的经济性分析
宏观经济环境的作用
产品项目管理实践

上课时数： 8课时

训练目的： 掌握产品研发与创新设计过程中的项目管理流程和管理方法、经济性分析要素、通过本次课程能够进行产品研发与创新设计的项目管理和经济性分析。根据案例，从不同的角度理解和掌握产品研发与创新设计过程中的项目管理以及经济性分析形式、步骤。转变思维观念，掌握产品研发与创新设计的组织管理能力，从产品设计师转变为产品研发与创新设计的管理者。

教学要求： 掌握产品研发与创新设计过程中的项目管理流程、经济性分析要素。

课前准备： 阅读管理学相关知识、尝试对简单的产品研发进行管理和经济性分析。

课前引导： 1. 在产品研发与创新设计的过程中，项目管理的流程应该包含哪些方面？
2. 在产品研发与创新设计的过程中，经济性分析能够起到哪些作用？

第1节
产品研发与创新设计的项目管理

产品研发与创新设计中的项目管理是指一系列组织、计划和管理工作的总称。主要工作内容包括完善产品设计各阶段的管理制度，如岗位责任制和图纸管理制度等，在产品设计中做好可靠性、标准化和结构工艺性的审定工作，对新产品的设计方案进行技术经济分析、价值分析等。

在产品研发与创新设计的不同阶段，产品研发与创新设计的项目管理对应不同的工作内容，见表7-1。

表7-1　产品研发与创新设计的项目管理不同阶段的工作内容表

产品研发与创新设计阶段	工作内容
产品研发与创新设计项目立项	发现项目、确立项目并明确项目目标
小型试验研究	探索达到产品研发与创新设计项目目标的可行途径
中试和扩大试验	进一步寻求实现产品研发与创新设计项目目标的方案、途径 对方案的参数进行放大或连续性试验
工业试验	对中试与扩大试验的成果，进行现场工业的应用与测试
验收	目标实现 产品研发与创新设计项目结束

产品研发与创新设计项目管理工作的开展，需要基于现有研究的成果以及市场的需要进行，同时还需要关注新材料、新设计，从而满足市场与用户的新需求，本节将以微型胶卷暗盒的项目管理案例为例进行说明。

案例

微型胶卷暗盒的项目管理

一家微型成像公司，邀请某设计公司为其正在开发的一种新机器设计并提供微型胶卷暗盒，但是本次订单时间紧迫，仅有8个月的研发时间，此外公司还要求在新产品问世后的4个月内开始批量生产，基于订单的紧迫性，有效的项目管理成为该项目完成的关键。对于这个案例，设计师们需要了解和掌握以下内容。

如何做好产品研发与创新设计项目管理？

如何评价产品项目管理？

一、项目管理的分类及形式

产品研发与创新设计过程中有成百上千的活动，按照项目管理最常见的形式，可以将活动流程归纳为三种：串行、并行和耦合。以微型胶卷暗盒的项目管理案例为例，其串行、并行和耦合流程有不同的形式与内容（图7-1）。

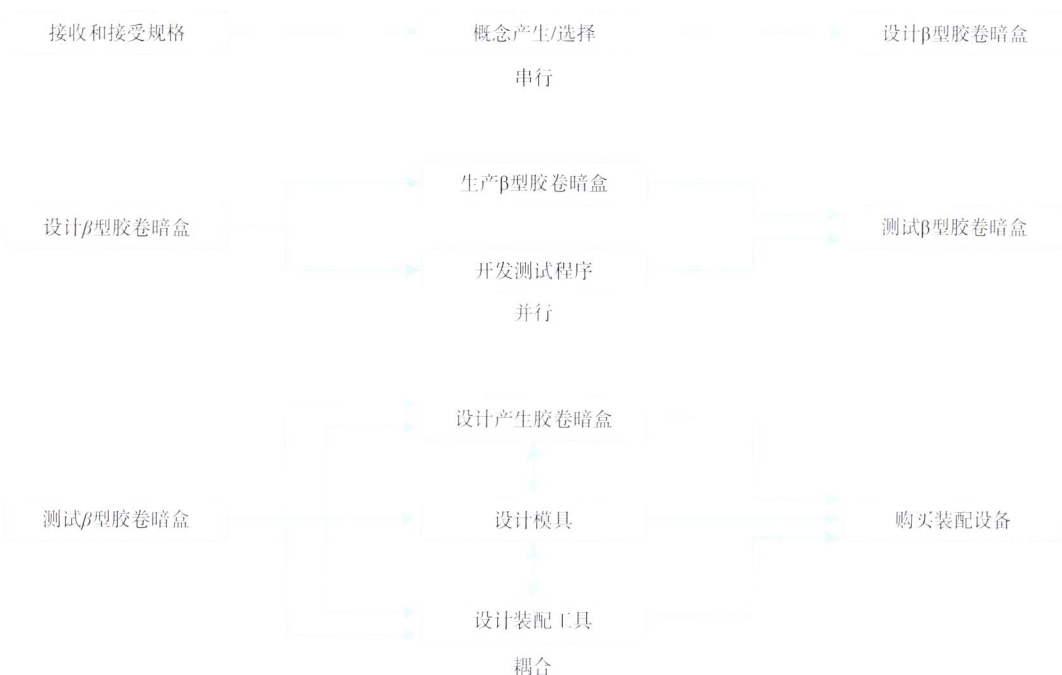

接收和接受规格 → 概念产生/选择 → 设计β型胶卷暗盒

串行

生产β型胶卷暗盒

设计β型胶卷暗盒 → 测试β型胶卷暗盒

开发测试程序

并行

设计产生胶卷暗盒

测试β型胶卷暗盒 → 设计模具 → 购买装配设备

设计装配工具

耦合

图7-1 微型胶卷暗盒开发的三种活动

图7-1表现了案例中胶卷暗盒开发的三种活动形式，活动期间的信息流向依据箭头来表示，可以将其称为产品研发与创新设计的信息流图或者数据驱动图。在后续的产品研发与创新设计项目管理中，可以采取以下几种管理形式。

（一）设计结构矩阵

用于表示和分析产品研发与创新设计活动的第一个有效工具是设计结构矩阵。设计结构矩阵是唐纳德·斯图尔特（Donald Steward）在1981年引入的，用来分析信息流。设计结构矩阵是一个n阶方阵，用于显示矩阵中各个元素的交互关系，有利于对复杂项目进行可视化分析，也被称为DSM矩阵。

设计结构矩阵是一个具有n行、n列的二元方阵，系统的元素均以相同的顺序放在矩阵的最左边和最上边，如果元素i和元素j之间存在联系，则矩阵中的ij（i行j列）元素为绿色（或由数字1表示），否则为空格（或由数字0表示）。在由二元（0或1）表示的矩阵中，对角线上的元素一般不用来描述系统，用空格表示。二元矩阵有助于系统的建模，因为设计结构矩阵能表示一对系统元素间的关系存在与否，与图形表示相比对整个系统元素进行整体的紧凑描绘，并为各项活动的信息需求、活动的顺序决策及活动迭代的控制提供有效的使用方法（图7-2）。

在设计结构矩阵中，胶卷暗盒案例中的活动被分配到一行及相应的列中（图7-3）。

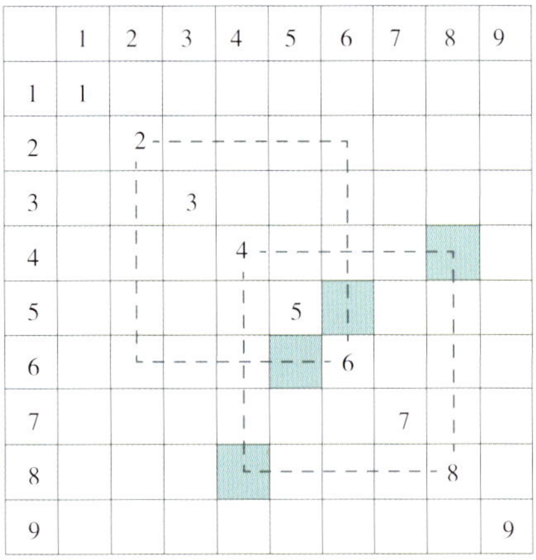

图7-2 设计结构矩阵示意图

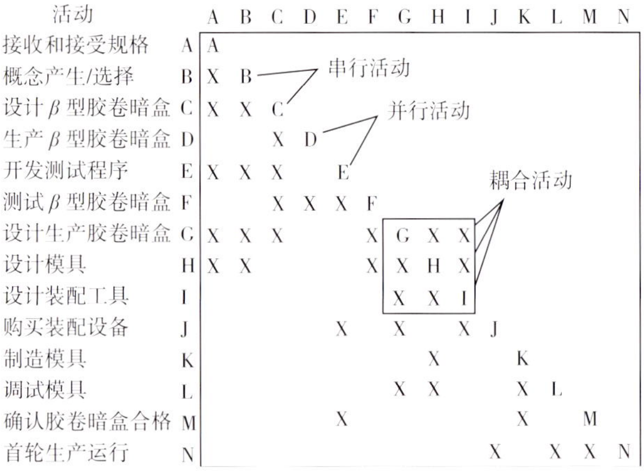

图7-3 胶卷暗盒设计结构矩阵

设计结构矩阵展现了组成项目的任务以及任务之间的关联，可以直观地传递某任务开始的前提要素，以及要素的来源，其中行可以发现需要进行的信息任务，列可以发现任务输出的信息由哪些任务组成和吸收，对角线的下方表示信息的前端，对角线的上方表示信息的反馈。

（二）甘特图

甘特图（Gantt Chart）又称为横道图、条状图（Bar Chart），通过条状图来显示项目、进度和其他时间相关的系统进展的内在关系随着时间进展的情况，以提出者亨利·劳伦斯·甘特（Henry Laurence Gantt）先生的名字命名。甘特图简单、醒目，便于编制，在管理中被广泛应用。甘特图按内容不同，分为计划图表、负荷图表、机器闲置图表、人员闲置图表和进度表五种形式，帮助企业描述工作中心、超时工作等资源的使用。甘特图可以以图形或表格的形式显示活动，是通用的显示进度的方法，构造时包含了日历和持续时间。

以微型胶卷暗盒案例进行甘特图的绘制，可以清晰地表达活动、顺序以及持续时间，其中横轴表示时间，纵轴表示需要执行的项目，线条表示活动执行的计划和实际完成的情况，便于管理者直观地了解项目的工作进度和剩余任务（图7-4）。

甘特图是表示活动进度的传统工具，包含一个水平的时间轴，以及代表每一个活动开始和结束的水平条，每个水平条的填充部分代表活动已经完成的部分。

A 接收和接受规格
B 概念产生/选择

已完成的任务：A、B、C、E
滞后于计划的任务：D
提前完成的任务：E

C 设计 β 型胶卷暗盒
D 生产 β 型胶卷暗盒

E 开发测试程序
F 测试 β 型胶卷暗盒

G 设计生产胶卷暗盒
H 设计模具

I 设计装配工具
J 购买装配设备

K 制造模具
L 调试模具

M 确认胶卷暗盒合格
N 首轮生产运行

8月 9月 10月 11月 12月 1月 2月 3月 4月 5月 6月 7月

当前日期

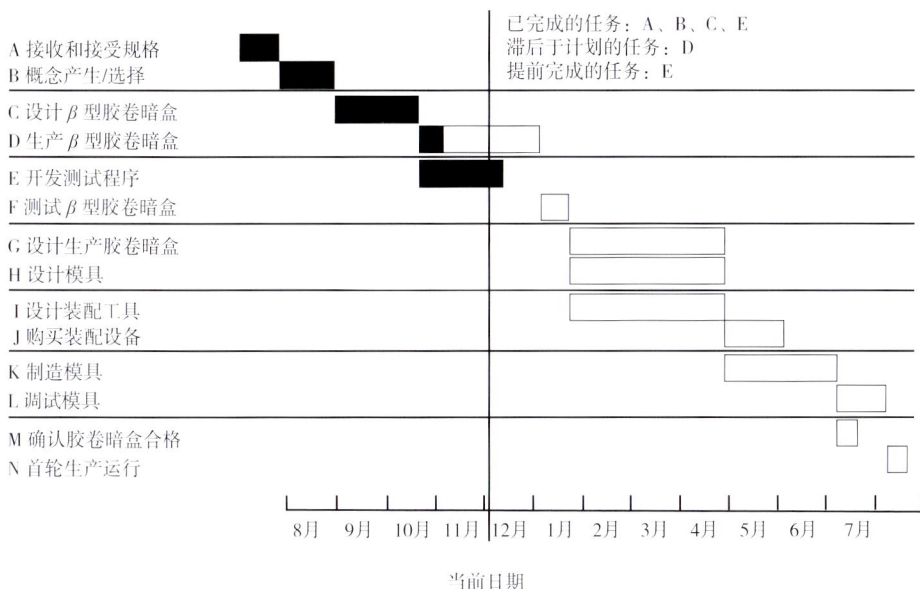

图7-4 微型胶卷暗盒设计甘特图

（三）PERT图

PERT（Program Evaluation and Review Technique）图是一种类似流程图的箭线图，也称为计划评审技术，主要利用网络分析的方法对计划进行评价。PERT图可以协调计划中的各个工序，能够协同人力资源、材料资源、项目时间、项目资金，实现现代化的管理。绘制微型胶卷暗盒案例的PERT图需要明确时间、活动和关键路线，其中英文字母表示研发活动，数字代表研发周数（图7-5）。

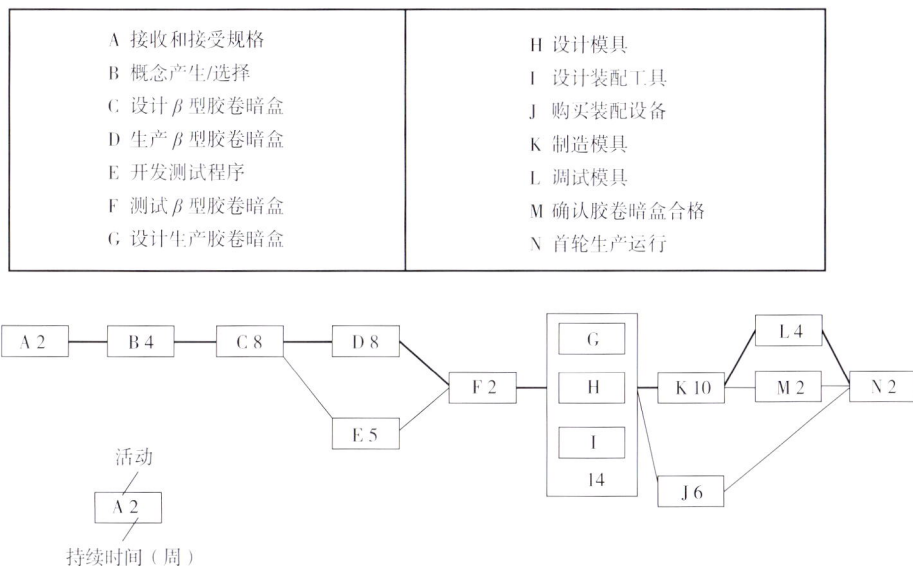

A 接收和接受规格	H 设计模具
B 概念产生/选择	I 设计装配工具
C 设计 β 型胶卷暗盒	J 购买装配设备
D 生产 β 型胶卷暗盒	K 制造模具
E 开发测试程序	L 调试模具
F 测试 β 型胶卷暗盒	M 确认胶卷暗盒合格
G 设计生产胶卷暗盒	N 首轮生产运行

A 2 — B 4 — C 8 — D 8 — F 2 — [G / H / I 14] — K 10 — M 2 — N 2
E 5
L 4
J 6

活动
A 2
持续时间（周）

图7-5 微型胶卷暗盒设计PERT图

PERT图明确地表示了活动依赖的关系和进度要求，结合了包含在设计结构矩阵和甘特图中的一些信息。PERT图有许多种形式，其中常见节点活动的形式能够对应大多数人都熟悉的流程图。

二、项目管理的计划与措施

项目计划是后续开发工作的指南，在协调后续活动以及估计所需开发资源和开发时间上非常重要，其在概念开发阶段结束。

（一）签订项目合同

建议使用合同确定项目计划和开发过程中的目标和时间节点。

（二）计划时间清单

项目的开发和设计包含了大量的活动，编制项目计划的第一步是列出项目开发所需的所有活动，采用时间清单的形式查看项目开发所需的时间，见表7-2。

表7-2　微型胶卷暗盒设计项目活动时间清单

活动	周数
● 产品概念开发	
明确产品规格	8
概念产生/选择	16
● 产品详细设计	
设计β型胶卷暗盒	62
生产β型胶卷暗盒	24
开发测试程序	24
● 测试与改进	
测试β型胶卷暗盒	20
设计生产胶卷暗盒	56
设计产品模具	36
设计装配工具	24
购买装配设备	16
制造模具	16
调试模具	24
确认胶卷暗盒合格	12

续表

活动	周数
● 试产扩量	
首轮生产运行	16
合计	354

（三）配备项目人员

项目开发过程中，需要多工种人员的相互配合，开发团队是否有效，取决于个人和组织多方面因素，项目开发团队的人员配备可参考以下七条准则（图7-6）。

开发团队人员配备准则

精简团队	自愿服务	全职工作	直接汇报	团队组成	集中办公
开发团队不多于10人	成员自愿服务于团队	成员在开发团队中是全职的	成员直接汇报于开发团队领导	涵盖包括市场营销、设计、制造等关键职能	开发团队集中办公

图7-6　产品研发与创新设计开发团队人员配备准则

（四）跟踪项目进度

项目进度是项目活动与项目时间表的融合，进度计划明确了项目的里程碑，以及每个活动将于何时开始、何时结束，团队使用进度表跟踪项目进展。可以通过以下步骤创建一个项目进度表。

（1）明确关系：使用设计结构矩阵和PERT图识别活动之间的依赖关系。

（2）活动定位：将项目关键里程碑在甘特图的时间线上进行定位。

（3）分配资源：安排活动进度并思考项目的人员分配和其他资源的分配。

（4）确定节点：确定里程碑的时间安排，使其他活动的时间节点一致。

（五）设置项目预算

许多公司都使用标准的预算表来进行产品研发与创新设计的申请和批准，可以使用一个简单的表格来表示。以微型胶卷暗盒案例为例设计和制作，见表7-3。

表7-3　微型胶卷暗盒设计项目预算表

内容	数额 / 元
员工工资	
材料与服务	
原型模具	
外部资源、咨询	
差旅费	
小计	
应急资金（20%）	
总计	

（六）设定风险对策

项目执行的过程中会出现各种超出预期的问题和风险，需要制定产品研发与创新设计过程中的风险计划以及应对措施，见表7-4。

表7-4　微型胶卷暗盒设计项目风险及应对措施

风险事件	风险级别	最小化风险的措施
变更用户说明书	中	①让用户参与完善产品说明书的过程 ②与客户一起评估说明书更改带来的时间和成本损失
胶卷暗盒设计的输入特性不佳	低	①由加工零件建立早期功能原型 ②在微缩照相机上测试原型
模具制造车间的延误	中	为车间预留25%的生产能力
制造问题需要模具返工	高	①让模具制造商和模具设计人员加入零件设计过程 ②进行模具填充计算机分析 ③为零件设计建立规划 ④在概念开发阶段结束时选择原材料

此外，还可以根据产品的质量、产品的环境、产品的市场等因素，制定更为详细的风险和机遇分析及对应措施，见表7-5。

表7-5　风险和机遇分析及对应措施

风险和机遇属性		风险	机遇	应对措施
质量	直接产品质量问题	产品质量问题造成使用不畅或者故障	—	建立完善产品检验制度，为用户提供合格的产品
	间接产品质量问题	影响客户工作效率	—	建立完善的产品售后服务，提高售后服务的反应速度

续表

风险和机遇属性		风险	机遇	应对措施
环境	地理自然环境	—	交通的便利性	市场拓展
	人文环境	—	周边环境优美	市场拓展
	法律法规	—	租金优惠	市场拓展
市场	市场容量	行业萎缩	市政基础配套无要求	市场拓展
	市场竞争力	竞争对手都是大型企业	管理成本低	市场拓展
	市场价格	—	成本低、用工灵活	提高产品一次合格率、降低产品成本
财务	资金筹集、偿还	—	无贷款	市场拓展
	资金使用、回收	—	长期客户、回款快	市场拓展
	效益分配	—	股东满意	市场拓展
经营业绩	人员	人员工伤、人员离职、人员缺失	核心骨干人员稳定	对员工进行教育和培训；新员工岗前考核；提供安全生产设备；签订用工合同，确保员工的稳定性；建立长期合作的招聘单位
	设备	生产设备故障	—	操作人员的正确操作、定期维修设备、备用设备、稳定的外协加工方
	原材料	供方交货延期	付款周期偏长	考核供方交货能力，安排合理的交货日期，常用耗材安全库存，自有车辆用于紧急运输
	技术	对新产品的性能不熟悉	按照设计要求施工集成	稳定员工队伍，关注核心技术人员
	测量	漏检、计量器具偏差	—	建立内外校验制度，保证计量器具的精准
	产品或服务	交付的产品无法顺利使用；交付过程中损坏；使用过程中断裂、变形	建立完善交付及售后服务体系	按照图纸和产品工艺进行校验；指导用户正确使用；产品交付做好包装与防护；减震、避免擦伤和磕碰
内部运行环境	社会因素	—	社会环境稳定和谐	确保员工工资高于市政规定的基本工资标准
	心理因素	—	无加班、夜班	改善员工工资待遇
	物理因素	—	办公场所安全、宽敞	对工作场所危害因素进行识别和评价，为员工提供劳保用品

续表

风险和机遇属性		风险	机遇	应对措施
内部运行环境	公司价值观	—	以人为本	确定员工队伍，关注核心技术人员
	企业文化	—	为员工提供安全适宜的工作环境	持续改进员工作业环境
	公司知识储备	—	编制作业指导书、产品标准	对流程进行优化、文件化
相关方需求	管理层	提高员工素质、节约用料	固定员工、临时员工相结合，员工的稳定性较高	加强员工质量培训，提高加工一次合格率
	基层员工	工资待遇、公平对待、工作条件改善	公司按时发放工资；为员工提供必要的劳保用品	不断改善员工的待遇，排除作业场所的危害性因素
	用户	产品质量、产品价格、售后服务	与现有用户建立良好的合作关系	及时交付，提高产品一次合格率，加大售后服务力度
	股东	按时分红、增强市场拓展速度	股东满意度	做好财务报表；进行市场拓展，建立新的业务渠道
	政府	安全生产、消防安全、人员健康安全、环境保护	定期的安全和环境检查	做好安全生产教育，杜绝安全事故的发生；使用节能环保设备
	供方	付款及时、长期合作	公司现有供方稳定、质量合格，合作关系良好	及时付款，加强对供方的管控
	园区邻居	无重大安全事故	危险原材料妥善管理，杜绝安全隐患	做好安全生产教育，杜绝工伤及安全责任事故；对危险原材料进行管控，对危险作业区进行隔离

（七）项目开发提速

产品研发与创新设计时间是项目计划与执行阶段的首要问题，在产品研发与创新设计的过程中，可以通过以下方法来加快项目进程。

（1）尽早启动项目。

（2）管理项目范围。

（3）加速必要的信息交换。

（4）快速完成关键路径上的活动。

（5）集成安全时间。

（6）排除非必要的路径。

（7）消除对关键路径资源的等待延误。

（8）某些选定的关键活动重叠。

（9）大型活动流水作业。

（10）外包某些活动。

（11）快速进行迭代。

（12）去除活动耦合避免迭代。

（13）考虑各种解决方案。

（14）项目执行。

在产品研发与创新设计的过程中，可以通过会议、非正式沟通、进度展示、每周更新、激励和流程文档促进项目的执行，产品的开发活动与使用的信息系统关系见表7-6。

表7-6　微型胶卷暗盒设计项目执行表

开发活动	可使用的管理方法
识别用户需求	用户需求清单
概念筛选	概念分类树、组合表、概念描述和大纲
概念选择	概念筛选矩阵、概念评分矩阵
概念生成	功能图
确定产品规格	产品细分图、技术路线图、产品—工艺变化矩阵、综合资源计划、产品规划、活动书
产品规格说明	需求评价矩阵、竞争性标杆分析图、规格清单
建立产品架构	创建产品示意图、组件分类、设计简略的几何结构、确定组件之间的相互作用关系、延迟差异化、开发平台规划
系统设计	概要图、几何设计、分化设计、共性设计
详细设计	物料清单、原型设计、环境影响分析
性能完善	美学/人体工学重要性调查
产品原型测试	性能测试报告、持续性测试报告
项目管理	合同书、活动清单、设计结构矩阵、风险分析、每周状态备忘录、项目后分析报告

（八）及时评估并纠错

项目领导需要有评估项目状态的能力，以知晓是否有必要采取纠错措施，可以通过团队会议进行评估，也可以通过非正式的途径来收集信息。当发现项目计划存在偏差的时候，团队即需要采取纠错措施，常见纠错方法有以下七种。

（1）改变会议的时间或者频率。

（2）改变项目人员。

（3）将团队集中办公。

（4）项目人员投入更多的时间与精力。

（5）将精力放在关键活动上。

（6）聘用外部人员。

（7）变更项目范围或者进度。

（九）项目结束后评估

在项目完成后对其绩效情况进行评价，这种评价通常被称为项目后评估或项目后评审，以下几个问题有助于引导讨论。

（1）团队是否完成了任务说明书？

（2）项目绩效的哪些方面最应该受到肯定？

（3）项目绩效的哪些方面最应该受到批评？

（4）哪些工具、方法和实践影响了项目的开展？

（5）团队遇到了什么问题？

（6）组织可以采取哪些具体的措施提高绩效？

（7）学到了什么具体的经验？如何与组织的其他成员共享这些经验？

在胶卷暗盒案例中，产品研发与创新设计的所有核心成员列席项目后评估会议，团队成员认为本项目成功开发的重要因素见表7-7。

表7-7　项目管理复盘会议信息表

项目成功要素	项目改进机会
①团队领导者的授权 ②有效的团队问题解决方式 ③强调严格执行进度表 ④有效的交流链 ⑤多职能部门的充分参与 ⑥充分利用以往胶卷暗盒的开发经验 ⑦利用CAD工具进行沟通和分析 ⑧对制造能力的较早了解	①利用三维CAD工具和塑料成型分析工具 ②用户更早参与设计决策 ③工具设计和生产系统设计集成改进

第2节
产品研发与创新设计的经济性分析

产品商品化的基础是产品的经济性设计，经济性设计是产品从设计、开发直至走向市场的必经之路，本节介绍产品经济性分析的概念与方法，从市场以及制造的角度介绍产品研发与创新设计过程中经济性实现的可能。

一、产品经济性设计的原则

产品的经济性设计需要同时满足企业和用户的需求，设计师需要为企业设计出满足用户需求、具有市场竞争力，同时又能在生产、运营、管理、销售以及售后服务上降低企业成本的产品，使企业能够在产品的研发和创新设计中获得利润，并能保持持续性的发展。设计师也需要了解用户对产品的功能需求和精神需求，避免添加过多的无用功能，以免造成产品经济上的浪费。设计师还需要对用户的精神需求进行回应，通过产品形式美的设计，引导用户的审美取向，提高用户群体的审美能力。产品经济性设计的原则涉及安全性、舒适性、适应性等，见表7-8。

表7-8　产品经济性设计的原则及说明表

设计原则	说明
安全、舒适性	对产品的人机关系、心理学、生物力学进行研究，使用户在操作时不易发生差错，不影响人的身体健康、使用户和产品之间有合理的协调关系
适应性	①产品的功能设置与消费者对产品功能的需求相适应 ②产品的功能、形态、色彩、材料等因素相互适应
简洁性	用最自然、最简便的原理方法实现产品的功能需求，包括： ①产品的原理、结构、外观、材料、色彩、工艺、装饰等 ②使用方法简便
成本最小化	产品的成本主要体现在产品的生产与使用两个方面，包括： ①一次成型、一模多件成型、加工方法和程序的简易，属于产品生产上的经济性 ②组合简便、操作省力、携带方便、使用成本低廉、节约使用时间以及减少存放空间等，属于产品使用上的经济性
传达性	使消费者和产品的信息交流更加顺畅和准确，提高信息交流的效率，可通过以下设计手法进行： ①视觉传达 ②听觉传达 ③触觉传达
美观性	在产品设计中，美的因素的创造，是工业设计师最重要的职责之一，也是产品技术"同质化"时代，提高产品经济性的重要方法，主要包含： ①产品的形态 ②产品的色彩 ③产品的装饰美

为了实现产品设计的经济性，设计师应尽量遵循简洁性的设计原则，避免不必要的附加物和装饰，同时还需要在市场调查中了解装饰和附加物的成本和适用性，以及用户对这些成本的接纳程度。此外，为了更好地实现产品设计的经济性，可以从贯彻企业经营理念、合理选择产品材料、决策最佳设计方案三个切入点入手。

二、产品经济性设计的前期准备

企业开发产品时，必须掌握目标市场的信息并明确设计定位，以此呼应用户的需求、指导企业产品的开发设计过程。

（一）确定目标市场

目标市场可以通过地域特征、人文特征、用户特征或者消费者行为进行划分，如按照地域划分可分为南方市场和北方市场、国际市场和国内市场等（图7-7）。

明确目标市场可以使设计师深入掌握市场现有产品的信息，了解竞争品牌的特点，同时根据市场需求对产品进行修改和完善，使产品的设计、功能、色彩和形态符合用户和市场的需求。

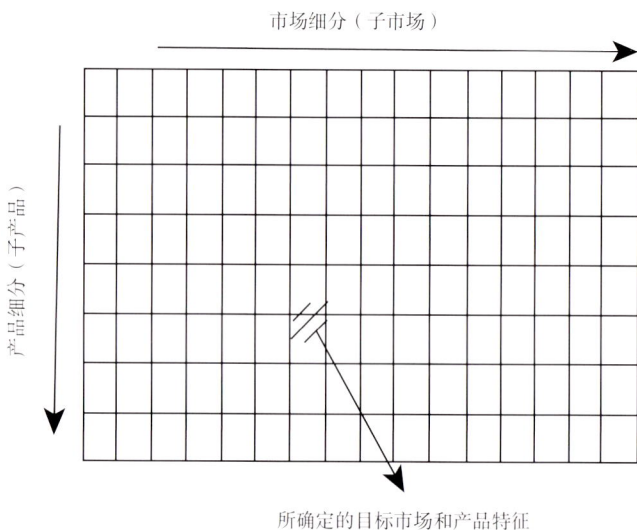

市场细分（子市场）

产品细分（子产品）

所确定的目标市场和产品特征

图7-7 目标市场划分

（二）明确设计定位

产品经济性设计的第二个重点是产品的设计定位，尤其是寻找差异化元素，是避免产品同质化、实现产品经济性的重要举措。产品差异化元素主要体现在产品的功能、产品的科技含量、消费者心理和产品美学四个方面。

产品的设计定位依托现有市场、现有产品的特征分析，需要将现有产品特征分类，并建立产品特征示意图，确定本产品在现有产品特征空间中的位置，其具体的操作流程如下。

（1）分析现有产品特征：主要目的在于找到本产品在同类产品中的差异，对现有产品特征的分析包括外观、功能参数、结构原理以及每个产品的主要特征。

（2）现有产品特征分类：可以从宏观上进行分类，如产品的功能、结构、形态、价格、质量等；也可以从具体的技术指标上进行分类，如安全性、工艺性、稳定性等。分类完成后需要按照用户关心的程度对这些特征进行排序，以确定用户最关注的需求，然后着手进行后续的设计。当完成对现有产品特征的调研和分类之后，可以建立多组不同的空间示意图，将产品的特征信息视觉化，以便比较、分析和决策。

（3）确定产品特征空间：主要目的为同中求异，使所设计的产品既符合企业的整体形象，又能满足用户对产品功能、审美的需求，从而形成产品在市场中的竞争优势。主要方法是分析市场现有产品的信息，并深入探讨产品的特点和差异性空间，确定产品的差异性空间中本次开发产品的定位。

三、产品经济性设计的可行性论证

产品的经济性设计和产品的商业化是企业回应市场和用户需求的前提，因此设计师必须将市场对产品的影响因素融入产品设计开发的过程中，提升产品的经济性，进而提升企业的市场竞争力。在进行产品经济性设计之前，需要对产品的开发和设计进行可行性论证，常见的论证包含以下几种。

（一）市场可行性论证

市场分析是产品研发与创新设计可行性论证的第一步，市场可行性论证的深入性和维度直接影响产品研发与创新设计可行性论证的成败，市场可行性论证主要包括对企业、技术、目标市场、预测市场和市场需求的分析，论证的重点从以下五个维度展开。

1 企业调查

企业调查主要是对企业的经营情况进行深入的调研，具体包括产品分析、销售分析、市场环境分析、投资分析、资金分析、生产分析、成本分析、技术分析、利润分析、企业文化及理念分析、企业形象及公共关系分析等。

2 技术调查

技术调查主要是研究技术的最新趋势和走向，主要分为两个部分，第一个部分是企业外部技术的发展情况，第二个部分是企业内部的技术发展情况。设计师或者企业都需要对外部技术的发展和走向敏感，尤其是自身企业技术与外部技术存在较大差距或者空间时，企业需要组织人员和资金进行补充和提升，此外，对于市场最新的技术或者专利，在产品中进行实际应用时可能还需要二次开发。

3 市场调查

市场调查是采取有目的、有计划的科学方法，系统地收集拟开发产品的相关市场信息，可能涉及社会、政治、经济、自然、技术等各个方面，产品研发与创新设计的市场调查主要内容见表7-9。

表7-9 产品研发设计市场调查内容表

调查内容	说明
市场环境调查	宏观市场因素〔政策法令、经济状态、社会环境（人口及文化教育、年龄结构等）〕、目标市场内的经济政策（工农业生产状况、科技发展水平、自然资源和能源的储量与开发情况、居民收入与消费结构、人口数量及构成与分布、民俗习惯、国际市场状况等）、自然环境、社会时尚、科技状况等
市场需求调查	消费者对产品的需求（功能、形态、色彩、规格、特点、寿命、周期、包装等）、消费者对现有商品的满意程度及信任程度、同类商品的普及率、拟开发产品市场的需求总量、市场需求结构、影响市场需求的因素，以及用户的类别及其购买能力、购买动机、购买习惯、分布情况等

续表

调查内容	说明
商品销售调查	企业现有产品的销售额、变化趋势及原因，企业的产品市场占有率的变化、市场价格的变化趋势，需求与价格的关系，企业的产品定价目标，中间商的加价情况，影响产品价格的因素，消费者消费心理的变化，相关产品批发商和零售商的数量、分布及经营能力，运输方式、仓储设施和成本，主要的销售途径、促销手段及其效果，用户对销售服务的要求以及售后服务方式等
竞争者调查	竞争企业的数量和规模，竞争企业各管理层的结构、经营宗旨与长远目标，竞争企业对自己和其他企业的评价，现行战略（低成本战略、高质量战略、优质服务战略、多角化经营战略），竞争企业的优势和弱点（产品质量、成本、市场占有率、对市场的应变能力、务实力、设计开发能力、领导层的团结、企业的凝聚力以及新技术、新工艺、新趋势等），竞争者的数量与分布、技术水平与生产能力，竞争者产品的品种、产量、质量、成本、价格和利润，竞争者的促销手段、具有的优势和劣势等
产品及价格调查	市场上现有同类产品的质量、价格、生命周期和应用范围、功能扩展，使用新材料所引起的价格变化是否会超出用户的承受能力，用户对相关产品质量、品种、包装的要求及能承受的最高定价
国际市场调查	国际市场有关商情资料、进出口和劳务的统计资料，主要贸易对象的国情、产品需求与外汇管制、进口限制、商品检验、市场发展趋势

要达到市场调查的目的，需要特别注意缩小实际技术与用户需求之间的差距。当市场调查中发现某种用户需求从技术上还难以满足时，企业需要直面问题并努力改善或者突破技术的障碍，力求缩小实际技术与用户需求之间的差异。此外，市场调查除了获取与本产品相关的各种信息外，还要对调查过程中用户表现出来的需求、价值观以及生活方式的趋势有所记录，并以此来指导新产品的开发。

4 需求分析

产品研发与创新设计针对市场需求的分析主要包括有效需求分析、竞争对手分析和产品市场竞争力分析，见表7-10。

表7-10 产品研发与创新设计市场需求分析表

分析类型	说明
有效需求分析	用户在一定时期内以一定的价格从市场购买某种产品的最大可能总量，包括实际消费量和潜在消费量
竞争对手分析	竞争对手包括国际、国内现实的竞争对手和潜在的竞争对手。分析和预测各种竞争对手和代用品生产厂家的生产现状和发展趋势，包括产品价格、质量、产量、生产成本、税收等
产品市场竞争力分析	拟开发产品市场竞争力分析，即根据拟开发产品的价格、质量及可能的推销策略等因素分析其竞争力，预测其可能达到的市场占有率

5 市场预测

产品研发与创新设计，针对市场预测的内容主要包括市场需求与供给预测、产品生命周期预测、产品销售预测三个方面，具体预测内容见表7-11。

表7-11 产品研发与创新设计市场预测表

预测内容	说明
市场需求与供给预测	一定时期内市场对相关产品的需求（总需求量、消费者消费观念的变化、产品性能、产品结构、社会总供给能力）、同类产品的情况（生产原料、供给保障能力等）
产品生命周期预测	引入期：产品处于引入和成长阶段，其市场需求量会逐渐增大；成熟期：竞争者数量会增多，市场需求高峰很快消逝；衰退期：产品在经济上处于老化，在市场上面临被淘汰的时期。开发周期超过产品成长期、投资回收期超过衰退期的开发项目不宜实施
产品销售预测	产品的市场占有率、主要销售渠道、所需的促销手段和售后服务方式、竞争者的数量、生产能力和经销水平、拟开发产品的销售价格、原料与能源的价格等

（二）技术可行性论证

产品研发与创新设计中的技术可行性论证，包括产品技术的可靠性分析、产品技术的先进性分析、产品研发与创新设计的能力条件分析。

1 产品技术的可靠性分析

产品技术的可靠性分析主要涉及技术来源、技术费用、技术获得方式、技术的性质和复杂程度四个因素。

2 产品技术的先进性分析

产品技术的先进性分析包括，该技术是新研发还是在原有基础上迭代而来的、该技术的发展阶段和趋势，需要将该技术与国内外同类技术进行比较和研究。

3 产品研发与创新设计的能力条件分析

产品研发与创新设计的能力条件分析，包括研发机构是否具有开发的能力；企业的设备和其他条件是否具备；原材料、零部件、燃料、运输等是否齐全。

（三）经济可行性论证

产品研发与创新设计的经济可行性论证，可以使用动态分析和静态分析两种方法进行，对于投资金额大、产品回报周期长的项目需要进行动态分析，对于中小型产品开发可以采用静态分析，具体内容见表7-12。

表7-12 中小型产品经济可行性论证表

论证内容	论证内容说明
概算开发投资	工艺设备的价格、运杂费与安装费、构筑厂房所需的材料费、土地占用费和建筑费、拟开发产品的技术转让费、职工培训费、水电增容费、环保投资，以及用于产品设计、试制、生产、销售环节的流动资金等
分析产品成本	原材料和动力的费用、科研、生产和管理人员的工资、奖金、福利费，固定资产折旧费，职工教育费与劳动保险费、产品设计与试制费、贷款利息，产品在销售过程中的运输、包装、展览、广告费用以及其他管理、协作费用等

续表

论证内容	论证内容说明
测算销售收入	测算销售收入是为了简化测算，这里可假定销售量等于生产量，即 销售收入 = 项目设计的生产能力 × 生产能力利用率 × 销售价格
估算产品利润、利润率和投资回收期	估算产品利润时需要考虑产品利润、利润率以及投资回收期，即 产品利润 = 产品销售收入 − 产品成本 − 税金 产品利润率 = 年利润 ÷ 总投资 投资回收期 = 总投资 ÷ 年利润

四、产品经济性设计的流程

产品研发与创新设计的过程涉及财务、制造和销售等。财务方面首先需要满足企业的利润需求，同时需要考虑产品研发的成本；制造方面需要考虑现有技术是否能够满足产品创新设计的要求；销售方面需要考虑产品是否具有竞争力，是否具有足够的差异性，是否能够创造卖点，是否符合企业的文化、形象，是否与企业现有的销售网络和售后网络一致。

产品的经济性设计包含产品市场需求调查、确定产品研发与创新设计观念等12个流程，具体流程及其说明见表7-13。

表7-13　产品经济性开发设计的流程

产品经济性设计流程	说明
产品市场需求调查	充分了解市场对产品的需求状况，确定市场对产品功能、形态等方面的需求以及需求量的大小
确定产品研发与创新设计观念	企业在面对市场需求时，欲采取什么样的方式以满足市场的需求等指导方针
确定产品的特征	产品的主要功能、技术原理、结构、材料、形态、色彩、工艺、独特卖点等
产品概念构思	从产品的功能需求出发，寻找达到产品功能需求的整体思路，力求用最简单的方法、最合理的结构达到产品的功能需求，尽量降低产品的成本以提高产品的经济性
构思方案的评价筛选	综合考虑构思的可行性，筛选出有可能实现的、最具有经济价值的几种构思方案
构思方案的经济性分析	对构思方案进行进一步的细化，从结构、功能、材料等成本方面对选中的方案进行成本、价格核算，最后确定出性价比最高的构思方案
产品的开发设计	产品的功能设计、结构设计、材料选择、形态设计、色彩设计、装饰设计、人机工程设计、工艺设计、包装设计等
生产设备及人员的准备	产品如果是企业自己生产、加工的，则可能需要增加或者更新某些设备以及对生产、加工人员进行适当的技术培训，以为后续的大规模生产做准备；如果是委托其他企业外协加工的，则必须考察外协企业的生产设备、人员、能力能否满足生产加工的要求，为在生产过程中的成本控制打下基础
产品的生产加工	产品的模具设计、工艺流程设计、生产计划制订、生产组织管理、加工制造等

产品经济性设计流程	说明
市场开发设计	产品的销售策划设计、广告设计、售后服务体系建设等
产品的销售	销售组织管理、定价、供货、发货等
销售服务	产品的销售咨询、售后维修、跟踪服务、反馈信息的收集与整理等

五、产品经济性分析的时间节点

产品研发与创新设计的过程中,设计及制造的经济化具体要求包括技术上的先行性、良好的性能和质量、产品的强适应性等指标,在项目开发的设计阶段、制造阶段都需要对产品的经济性进行分析。

(一)产品设计阶段的经济性分析

在产品的设计阶段,经济性分析就应参与其中,可按新产品研发与创新设计的阶段分析,见表7-14:

表7-14 产品研发与创新设计阶段经济性分析内容说明表

分析阶段	经济性分析内容
初期分析	沟通设计、生产、供销等部门的意见,考虑方案的目标是否符合用户需求和企业发展的要求,技术上是否先进,经济上是否合理,研制费用是否合适等
中期分析	验证新产品设计的正确性、对设计研制中出现的问题采取对策
终期分析	全面审查新产品的各项技术、经济指标与生产成本等是否符合原定要求,为投产做好准备
总结分析	收集用户意见、考核产品的实用效果,为进一步改进产品提供依据

(二)产品制造阶段的经济性分析

产品制造阶段的经济性分析,可以采用评分法和利益分析法进行,其具体的分析步骤和计分方法见表7-15~表7-17。

表7-15 产品制造阶段的经济性分析方法

分析方法	步骤	计分方法
评分法	针对分析对象,选定分析项目;制定分析标准进行评分;将各个分析项目的分析结果加以归纳综合	加法评分法(表7-16)、连乘评分法(表7-17)、加乘混合评分法
利益分析法	利益分析法是通过计算产品研发与创新设计后所能获得利益的概率,确定其是否符合目标要求,可作为新产品研发与创新设计决策的依据	新产品研发利益的期望值计算公式为 $$SB=Q\left(S_a-C_v\right)-F$$ 式中,SB 为某产品研发利益期望值;Q 为平均产量估算值;S_a 为产品的销售价格;C_v 为单位产品的可变费用;F 为开发新产品的费用总额

表7-16 加法评分法 单位：分

分析项目	评价等级	分数
产品功能	绝对必要的功能	23
	与其他工厂相比而必要的功能	18
	过去本厂实现得好的功能	13
	成本允许条件下期待的功能	9
	即使有些局限也算比较好的功能	5
市场规模	大	13
	中	9
	小	5
竞争对象	完全不存在强大的竞争工厂	16
	存在着强大的竞争工厂，但能进行对抗	12
	强大竞争工厂数多，不能独占市场	7
	只能占领小部分市场	3
产品的生命期	投入期	13
	成长期	10
	成熟期	7
	衰退期	3
现有人员、设备和技术	具有充分可靠的生产能力	16
	采取若干措施以后才有可能生产	11
	采取相当措施后才可生产	6
预计的利润率	30%	19
	25%	15
	20%	10
	15%	5
合计	最高100分，最低27分	27～100

表7-17 连乘评分法 单位：分

分析项目		评价等级	分数
技术优越性	质量标准	与竞争产品相比，各方面都优越	5
		与竞争产品相比，超过的地方多	4
		与竞争产品相比，大致差不多	3
		某些地方还不如竞争产品	2
	极速标准	具有垄断产权	5
		能够提出与竞争产品相对抗的申请	4
		提出申请的条件虽多，但不够有力	3
		有与其他企业相抵触的情况	2
销售可能性	需求预测	在进入成长期之前市场规模就很大	5
		在成长初期有中等规模市场	4
		在进入成长期时竞争产品较多	3
		在成长末期需要量已减少	2
	销售计划	销售点多，能充分达到原定计划	5
		需增加人员才能达到计划	4
		需增加销售点才能达到某种程度	3
		竞争产品多，不降低价格销售有困难	2
生产可能性	生产计划	不需采取特殊措施就能计划生产	5
		要增加人员才能按计划生产	4
		资金、材料、人员方面仍有困难	3
		在增加生产能力后，达到计划仍有困难	2
	设备投资	用现有设备基本可行	5
		必须增加若干专用设备	4
		必须增加专用机床和组合机床生产线	3
		必须大量增加设备	2
利润计划	生产费用	按计划的费用就能够达到预期的效益	5
		要达到预期的效益必须采取措施	4
		追加5%～10%生产费用	3
		追加10%以上生产费用	2
	费用回收	在计划期内能够全部收回并有盈余	5
		在计划期内能够部分收回	4
		在计划期内收回有困难	3
		在计划期内收回很困难	2

注 本表格中通过总分的高低来判断产品制造阶段的经济性。

此外，在产品制造阶段还需要关注可靠性分析，重点是解决产品是否能够稳定地、无故障地长期工作的问题。产品整体的可靠性是由其各个组成部分如机械系统、动力系统、压力系统和各个部件等的可靠性保证的，而各个部分的可靠性是由零件、元件的可靠性保证的。因此，在进行新产品研发与创新设计时，首先要确定对产品整体的可靠性要求，其次根据产品整体的可靠性要求确定对其各个组成部分的可靠性要求，最后根据各个部分的可靠性要求确定对每个零件、元件的可靠性要求。在设计的预备阶段和正式启动阶段，产品可靠性分析的内容见表7-18。

表7-18 产品研发与创新设计不同阶段的可靠性分析表

设计阶段	工作内容
预备	①搜集、分析同类产品的故障和可靠性资料 ②确定和分配产品的可靠性指标 ③进行可靠性设计的经济分析
正式启动	①新产品正式设计 ②制造出样品后再进行可靠性试验 ③对设计进行修正 ④进行可靠性分析

第3节
宏观经济环境的作用

项目团队做出的决策一般对整个公司、竞争者以及消费者，甚至对市场运行所依赖的宏观经济环境有着重要的影响。产品研发与创新设计中的定性分析主要关注这些相互作用，定性分析最基本的方法是考虑项目与整个公司的相互作用、项目与市场的相互作用、项目与宏观环境的相互作用。

一、项目与整个公司的相互作用

项目与整个公司的相互作用主要表现在外部性作用，如公司一个部门的行为对另一个部门所产生的不可定价的成本或者收益影响；另一个作用是战略适应，如开发组的决策不仅对项目有利，而且必须与公司的技术战略和产品计划保持一致。

二、项目与市场的相互作用

项目与市场的相互作用主要表现在三个方面：第一是竞争者，竞争者可能提供直接竞争产品或者替代品进行间接竞争；第二是用户，用户的预期、收入或喜好可能发生变化；第三是供应商，为新产品提供组件和资源的供应商可能受到自身市场竞争压力的影响，这些压力亦可能间接影响新产品。

三、项目与宏观环境的相互作用

宏观环境对项目发展的影响常见三个方面：第一是重大的经济变化，如汇率、原材料价格、劳动力成本、消费者可支配的收入、商业投资水平和投资成本等的变化；第二是政府法规，如政府出台的新法规将直接影响新产品的开发，同时行业法规结构的调整也可能促成一个新的行业；第三是社会趋势，例如，新的社会关注如不断加强的环保意识，会促进设计行业不断地更新迭代。

第4节 产品项目管理实践

在完成产品架构和产品原型之后，可以进行该产品或者项目的管理与经济性分析，具体流程见表7-19。

表7-19　产品项目管理实践流程

实践流程	说明	实践内容
概念契合	以会议形式检验前期工作，确保产品创意最优	产品理念与愿景一致、团队可以自由创新和迭代、技术经过测试、项目配备适当的资源、项目可以快速开展、项目具有重要的商业潜力
设定产品研发的方式	根据产品的类型设定产品研发的形式	串行、并行、耦合
设定目标，制订管理方案	根据用户需求设定设计目标，通过设计结构矩阵、甘特图或PERT图制订管理方案	设计结构矩阵、甘特图、PERT图
确定产品项目活动清单	确定产品研发的合同书和项目活动清单	合同书、项目活动清单

续表

实践流程	说明	实践内容
设定项目预算表	初步预算项目开发的成本	人员薪酬、原材料/设备购置费、折旧费、低值易耗品费、业务费、试验外协费、资料/印刷费、租赁费、会议费、差旅费、通信费、咨询/培训费、评审/验收费、房租/水电费、管理费、其他费用
设定风险及措施表	分析本项目可能存在的风险，并制定面临风险的解决措施	质量、环境、市场、财务、经营业绩、内部运营环境、相关方的需求和期望
设定项目执行表	明确本项目开发的流程和执行过程中涉及的部门	明确各相关方的需求、编制各分项项目工作计划、整合项目工作计划表
经济性分析	对本项目的开发进行可行性论证以及经济性分析	可行性论证、经济性设计、经济性制造、制造阶段的经济性分析
明确领导	明确一位具有创业能力的领导者，或联合企业的管理人员进行项目的开发与管理	证明潜在市场和收益的存在、明确商业模式、品牌与用户需求、销售渠道和客户群、项目的边界条件与战略重点
目标市场匹配	与用户一起测试原型，以确认是否适合预期市场；确定解决方案最适合市场的位置；考虑与项目相关的技术和市场风险；明确详细的预算和成本，更详细地定义产品，证明其技术可行性，制定项目的时间和预算，并完善商业模式	审查技术、定义用例、估算开发成本、确认和量化商业潜力
产品研发	公司评估产品发布准备情况，重点评估包括产品质量、产品性能，获得最佳功能集以及展示客户支持能力	开发最小可行性产品、确认商业计划、深入研究用户需求、开发用户使用产品所需的支持基础设施、培训产品销售人员

思考练习题

1. 当关键路径上的活动如模具制造延迟时，整个项目的完成也将被延迟，这种情况对项目的总成本会造成哪些影响？

2. 如何加快产品研发进程的同时促使产品质量提高、制造成本降低？

⛰ 复习指导提纲

　　项目由彼此依赖关系而连接在一起的活动组成，活动期间的依赖关系可以是串行、并行或者耦合的；相互依赖关系的最长链定义了关键路径，它表明了项目可能完成的最短时间；设计结构矩阵可以用来表示活动间的依赖关系，甘特图可以表示活动的时间，PERT图可以表示活动的依赖关系和时间，并常用来计算关键路径；项目计划包括活动清单、项目进度安排、人员需求、项目预算以及风险计划，是合同书的关键元素；大多数加快项目进程的机会出现在规划阶段，有很多方法可以促使开发项目更快地完成；项目执行包括协调、评估进展以及采取行动纠偏；评估项目的绩效可激励并促进个人和组织进步。

　　在计算产品研发的期望投资回收期和财务回报时，经济性分析是支持决策的有效工具，产品经济性设计的论证需要进行市场、技术、经济可行性的论证，同时宏观的经济环境和政策也会影响产品研发与创新设计中的经济发展。

第 8 章
设计案例赏析

第1节
设计案例：家用食物粉碎种植器
设计者：边敬楠

　　食物的碳足迹与我们的生活息息相关。食物从生产到被丢弃往往是一个单线流程，而本产品针对这一流程重新设计，使其成为一个循环过程。

　　本产品有效利用了人们生活中产生的废弃食物，通过废弃食物处理机加工后，作为养分供应给新生植物，大大减少了食物在分解过程中产生的碳排放。而新生长出的有机食物具有绿色、无污染等特点，对于人们的健康有益。

　　本产品运用了绿色、清新的元素进行外观设计，其低能耗、重量轻等特点便于在普通家庭中安装。

一、背景调研

1 食物碳排放主要产生路径比例（图8-1、图8-2）

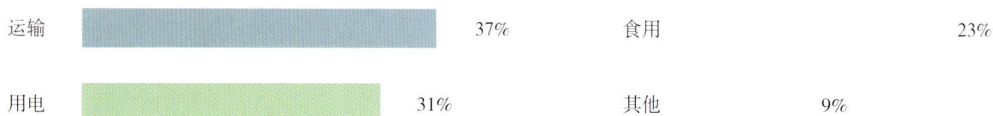

| 运输 | 37% | 食用 | 23% |
| 用电 | 31% | 其他 | 9% |

图8-1 食物碳排放主要生产路径比例图

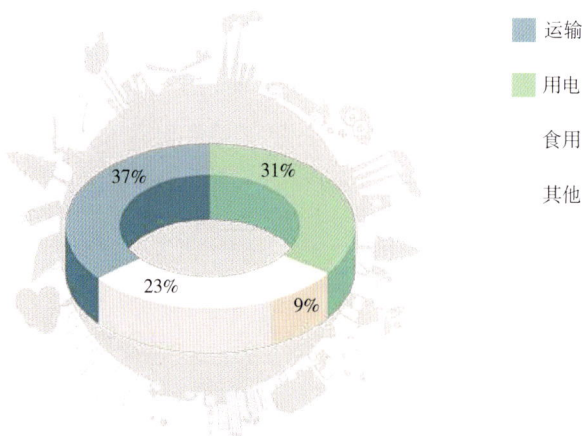

图8-2 食物碳排放主要路径占比图

2 食物足迹图（从生产到食用）（图8-3）

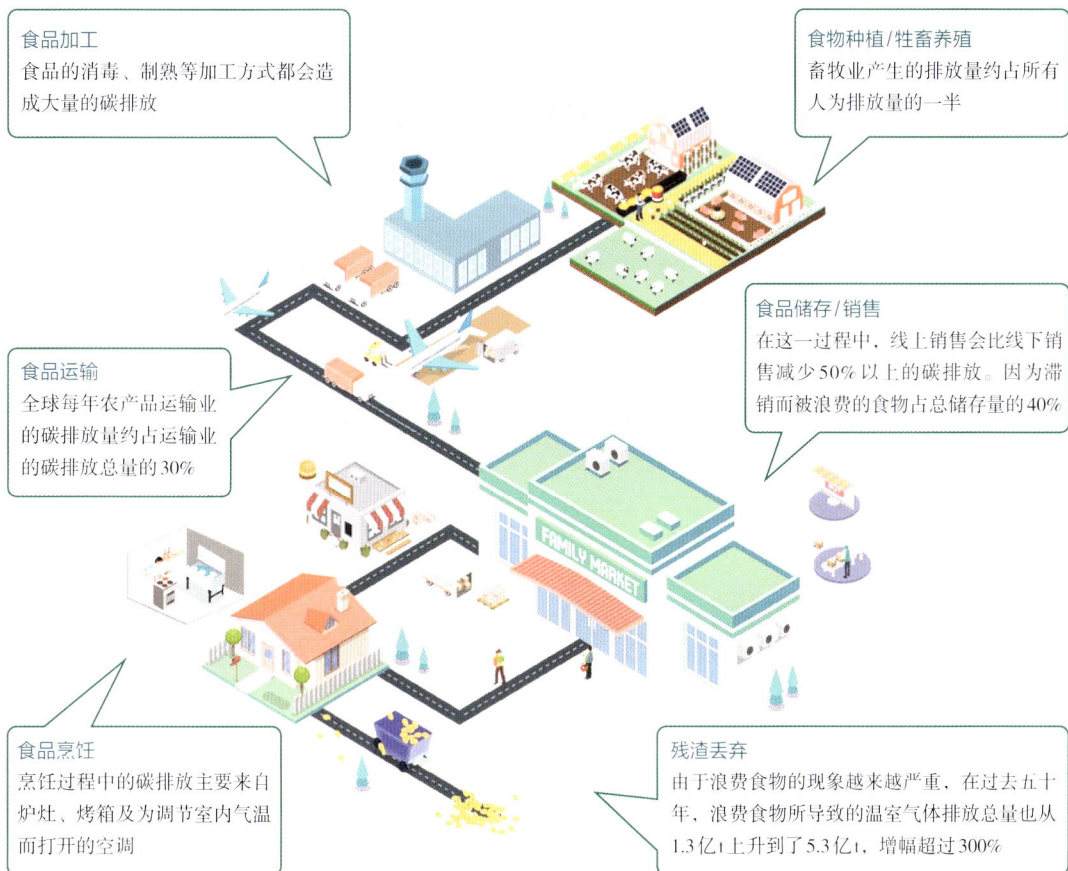

食品加工
食品的消毒、制熟等加工方式都会造成大量的碳排放

食物种植/牲畜养殖
畜牧业产生的排放量约占所有人为排放量的一半

食品储存/销售
在这一过程中，线上销售会比线下销售减少50%以上的碳排放。因为滞销而被浪费的食物占总储存量的40%

食品运输
全球每年农产品运输业的碳排放量约占运输业的碳排放总量的30%

食品烹饪
烹饪过程中的碳排放主要来自炉灶、烤箱及为调节室内气温而打开的空调

残渣丢弃
由于浪费食物的现象越来越严重，在过去五十年，浪费食物所导致的温室气体排放总量也从1.3亿t上升到了5.3亿t，增幅超过300%

图8-3 食物足迹图

3 数据分析

当前，很多生产出来的食物并没有被人食用，而是直接成为垃圾。尤其是经济发展水平较高的地方，食物浪费的情况不容乐观（图8-4）。

据估计，全球每年丢掉的食物高达16亿t，其中仍可食用的部分达到13亿t。每年全世界有约28%的食物直接被丢弃。这意味着全世界每年有14亿hm^2的土地（占世界农业面积的28%）被用来生产最终被损失或浪费的粮食（图8-5）。

28%
土地生产浪费的粮食

28%

72%

图8-4 食物浪费

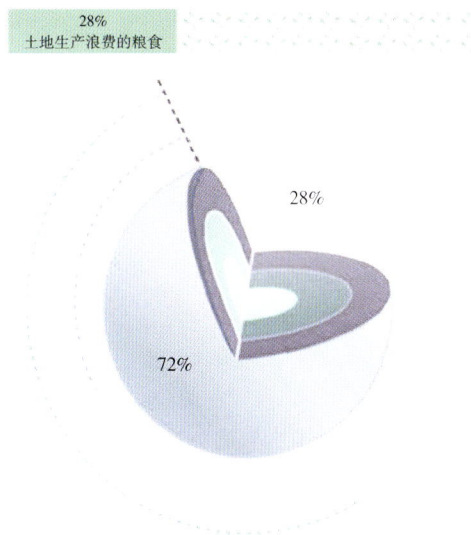

图8-5 食物浪费占比

二、用户历程

1 通过下图可以看到一个家庭购物到食用的历程（图8-6）

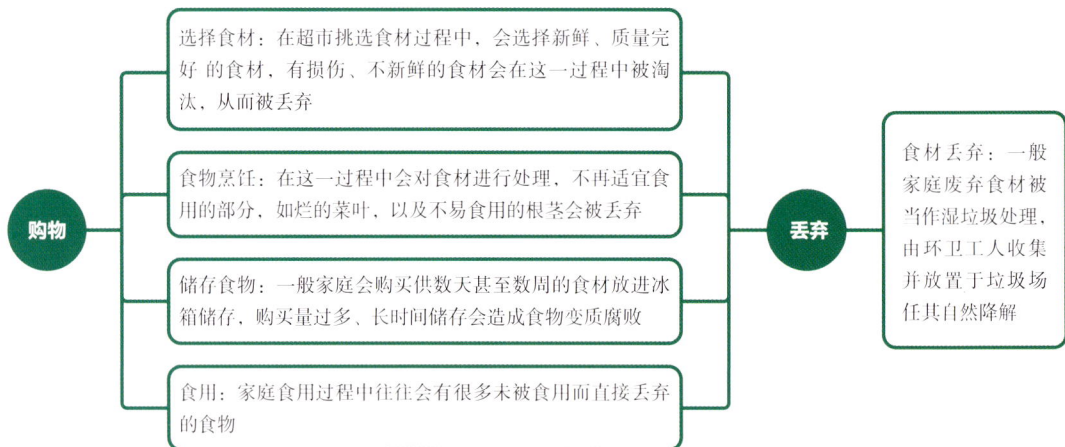

选择食材：在超市挑选食材过程中，会选择新鲜、质量完好的食材，有损伤、不新鲜的食材会在这一过程中被淘汰，从而被丢弃

食物烹饪：在这一过程中会对食材进行处理，不再适宜食用的部分，如烂的菜叶，以及不易食用的根茎会被丢弃

购物

储存食物：一般家庭会购买数天甚至数周的食材放进冰箱储存，购买量过多、长时间储存会造成食物变质腐败

食用：家庭食用过程中往往会有很多未被食用而直接丢弃的食物

丢弃

食材丢弃：一般家庭废弃食材被当作湿垃圾处理，由环卫工人收集并放置于垃圾场任其自然降解

图8-6 家庭购物到食用的历程

2 流程图

在有种植条件的地区，食物从获取到丢弃过程中通常经过如下一个循环的过程（图8-7）。

图8-7 实物循环流程图

3 情绪板

机会点：现有的一般家庭食物历程是一种单线流程，可以运用循环的方式大大减少其碳排放量对环境造成的污染（图8-8）。

图8-8 食物循环情绪板

4 现有家庭种植台（图8-9）

图8-9 现有家庭种植台

三、设计流程

1　设计草图

借鉴现有的食物种植台设计绘制了几种不同的种植平台和食物搅拌机形态（图8-10）。

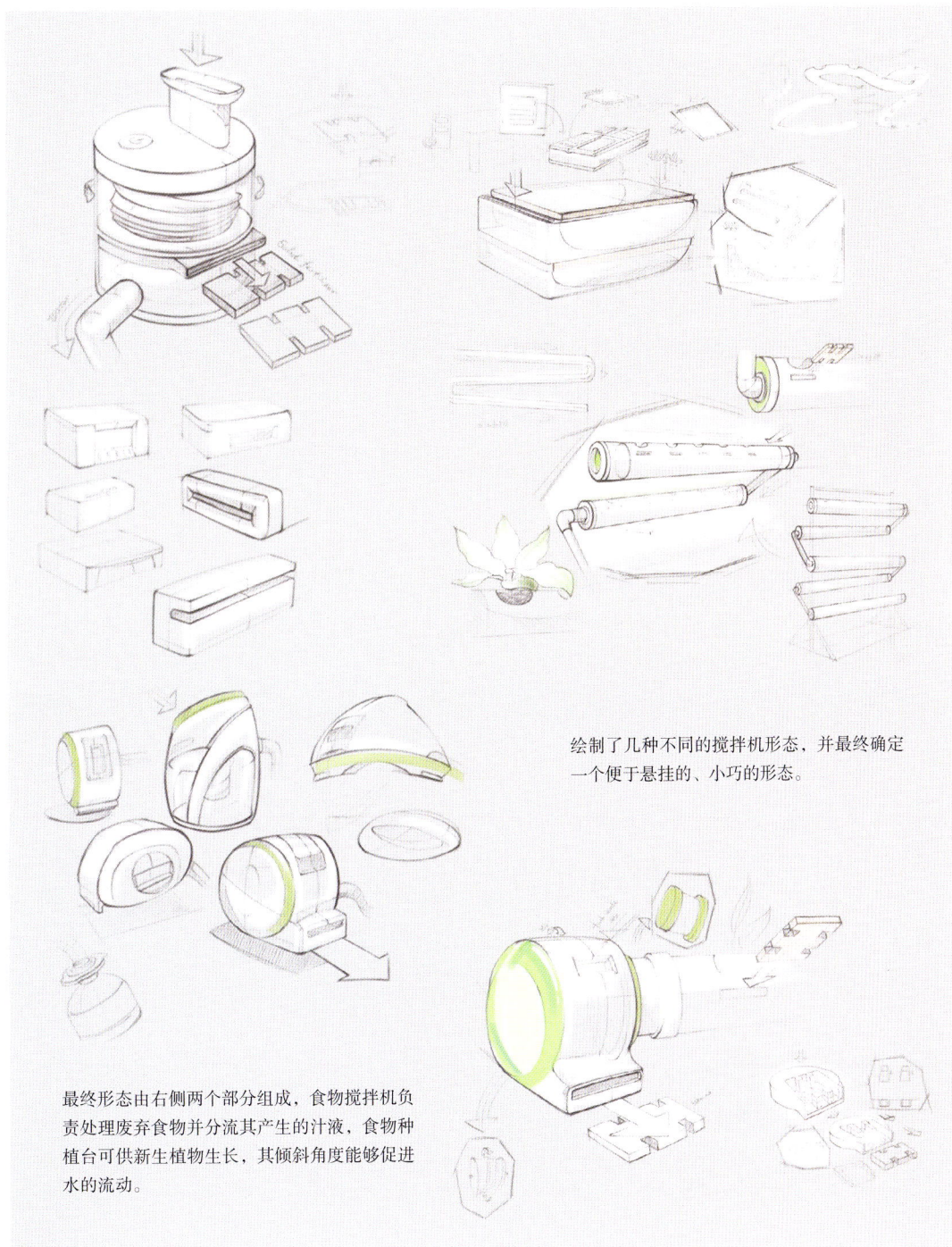

绘制了几种不同的搅拌机形态，并最终确定一个便于悬挂的、小巧的形态。

最终形态由右侧两个部分组成，食物搅拌机负责处理废弃食物并分流其产生的汁液，食物种植台可供新生植物生长，其倾斜角度能够促进水的流动。

图8-10　设计草图

2 最终设计

在颜色的选取上，运用了清新的绿色和透明的材质，以更好地凸显其环保、原生态的主题（图8-11）。

图8-11 色彩设计图

3 设计细节（图8-12）

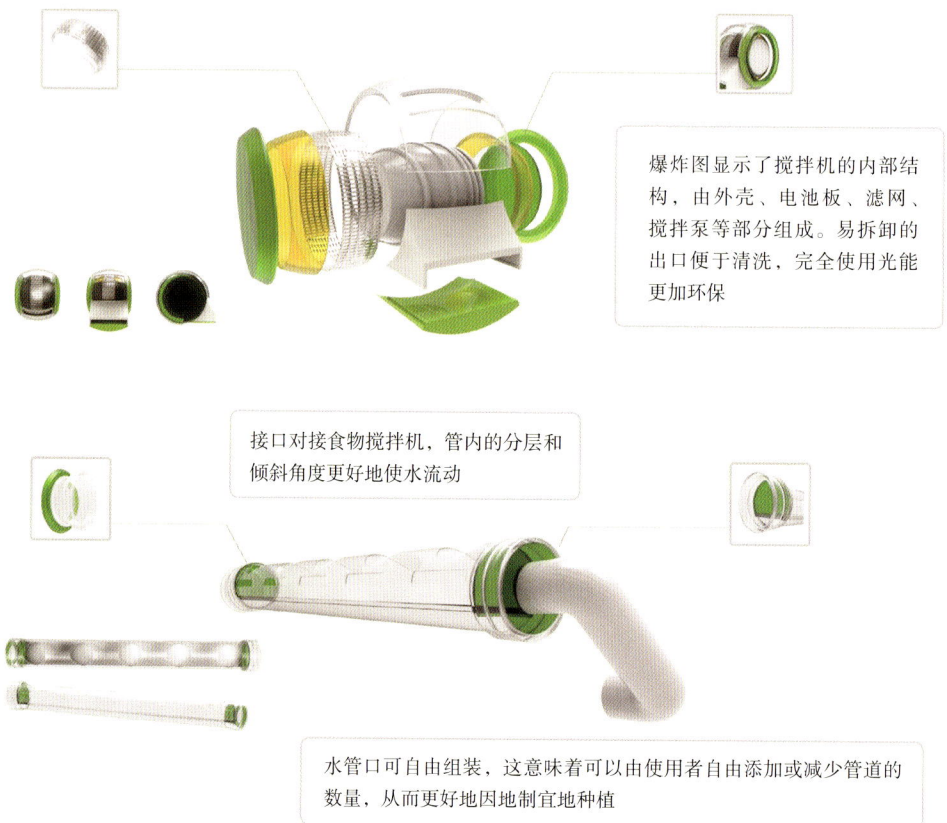

爆炸图显示了搅拌机的内部结构，由外壳、电池板、滤网、搅拌泵等部分组成。易拆卸的出口便于清洗，完全使用光能更加环保

接口对接食物搅拌机，管内的分层和倾斜角度更好地使水流动

水管口可自由组装，这意味着可以由使用者自由添加或减少管道的数量，从而更好地因地制宜地种植

图8-12 设计细节图

4 使用方法（图8-13）

1 废弃食物从搅拌机上方进入

2 由出口送出块状肥料，此时液体的部分由管口流向植物

3 块状肥料手动填入管道，可自主决定填入分量

图8-13 产品使用方法图

第2节
设计案例：云朵形面盆
设计者：边敬楠

这款云朵形面盆的设计，在尊重生产工艺的前提下，运用了人在不同姿势下视角的变化，具备独特的外形，为平常的生活带来一丝乐趣。

一、背景调研

通常，人们在洗手间会花费更多的时间在马桶上，而非站在面盆前（图8-14）。

站立洗手：1分钟　　　　　　　　　坐于马桶：10分钟

图8-14　卫浴产品使用习惯调研示意图

1　**面盆的视角变化图示（图8-15）**

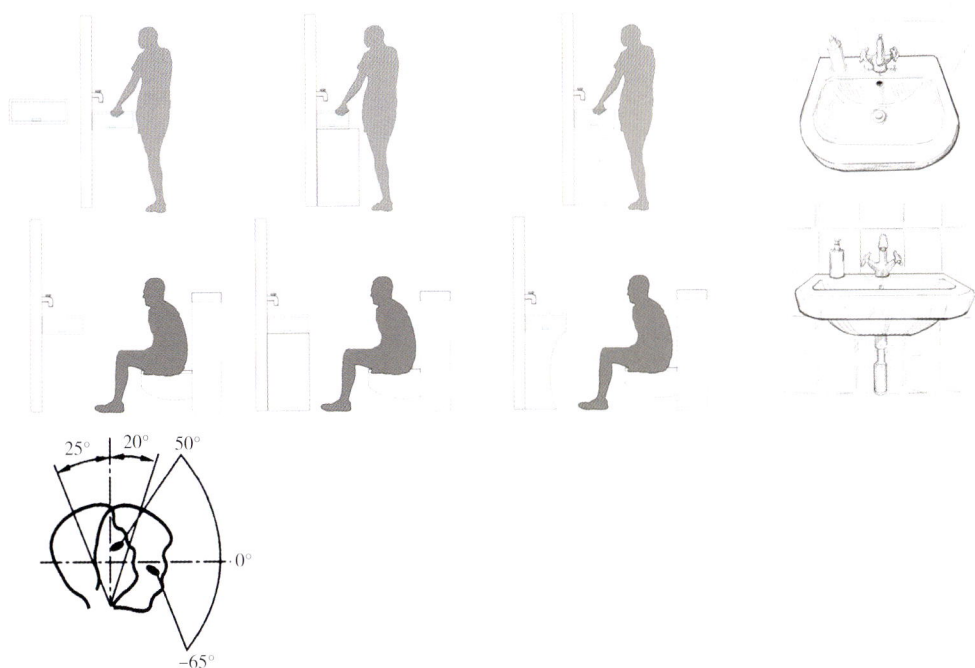

图8-15　面盆视角变化图

2　**技术支持**

陶瓷注塑的制作工艺（8-16）。

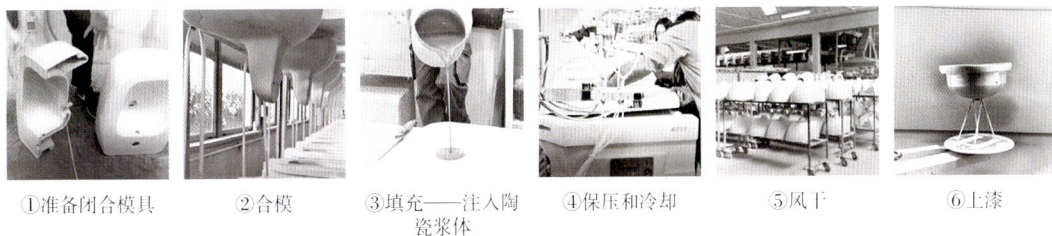

①准备闭合模具　②合模　③填充——注入陶瓷浆体　④保压和冷却　⑤风干　⑥上漆

图8-16　陶瓷注塑的制作工艺图

对于产品的要求：外形不能出现直角或锐角，否则将无法脱模（8-17）。

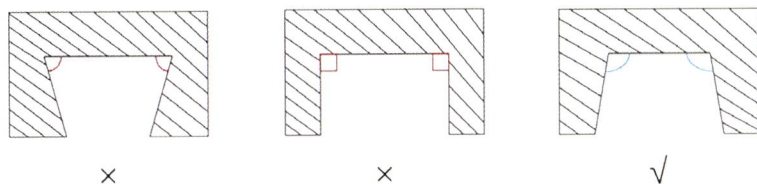

×　　　　×　　　　√

图8-17　外形角度脱模示意图

二、设计过程

1 灵感图（图8-18）

图8-18 灵感来源图

2 手绘图（图8-19）

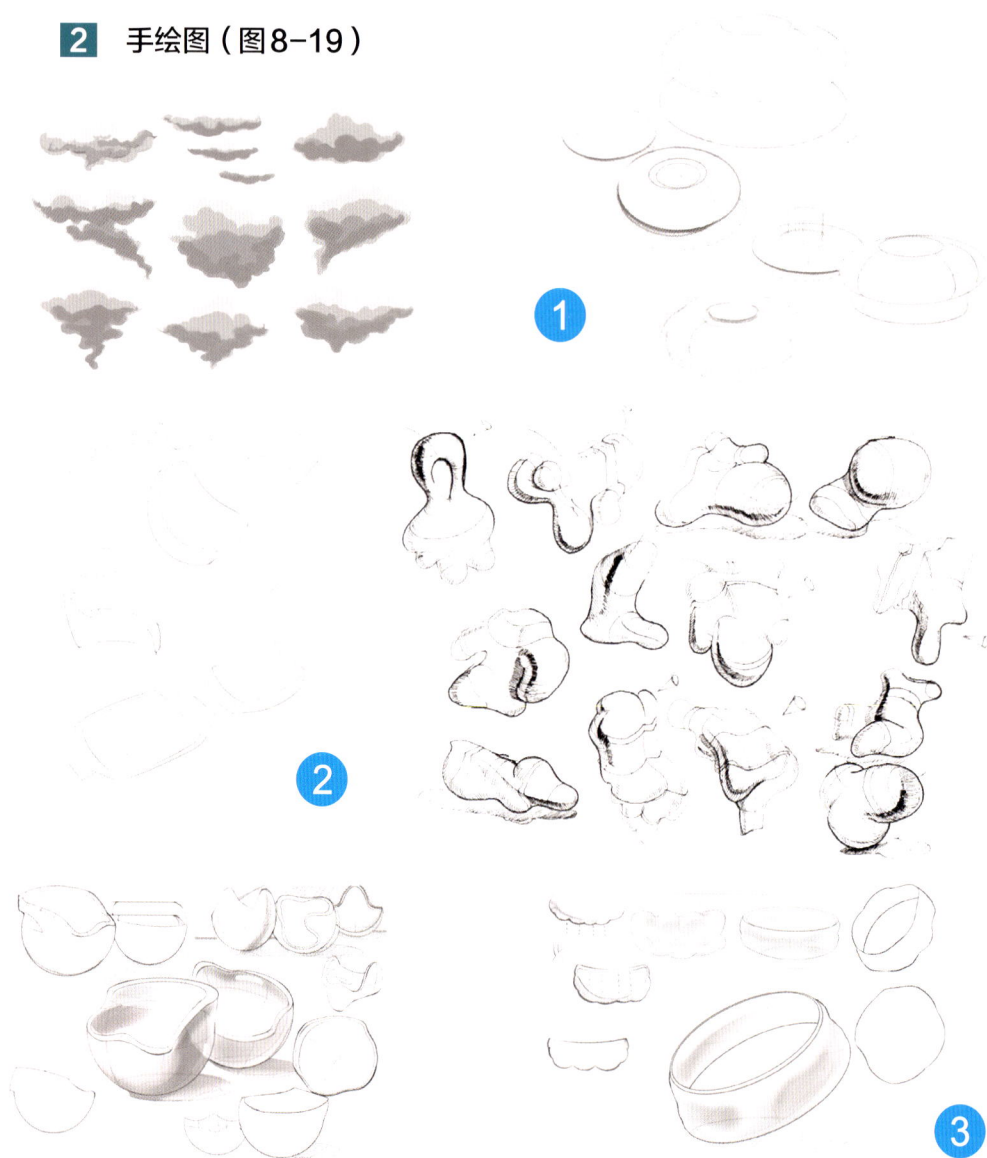

图8-19 设计手绘草图

三、最终设计（图8-20）

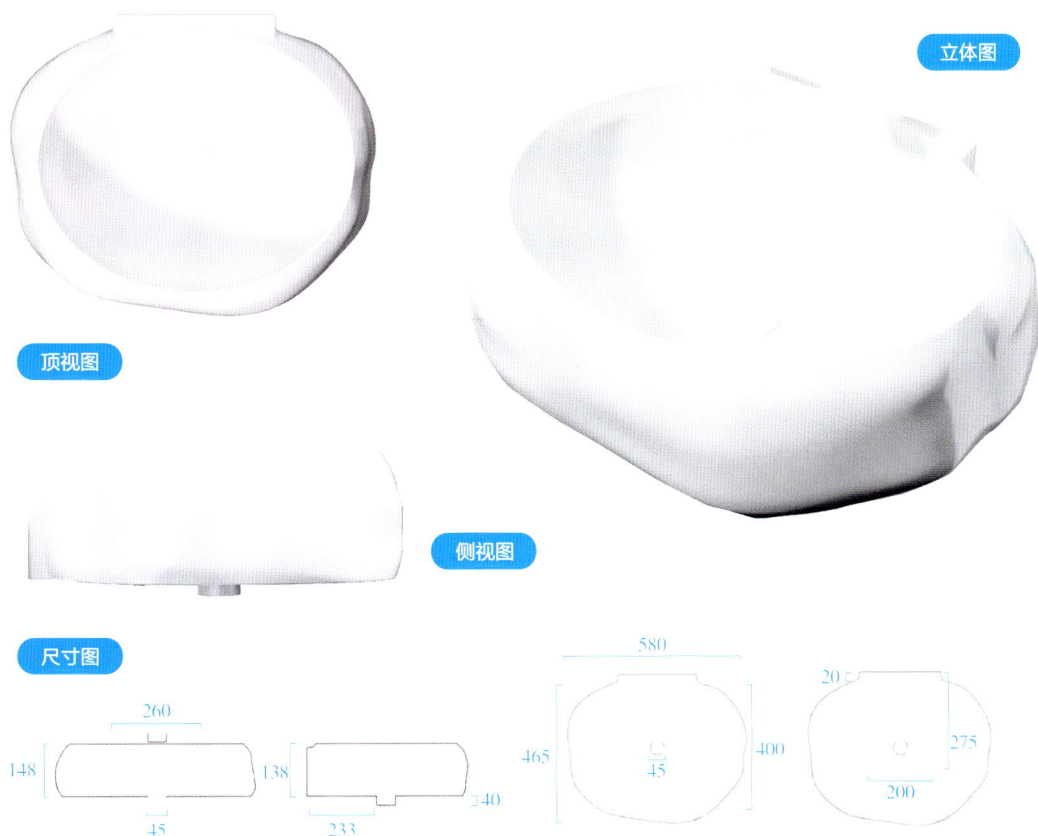

立体图

顶视图

侧视图

尺寸图

图8-20 设计效果图及结构图（mm）

四、同系列面盆（图8-21）

1-58A 58cm 悬挂式接出水口	2-45 45cm 放置式接出水口	3-45 45cm 放置式无出水口	4-58A 58cm 嵌入式接出水口	5-45 45cm 半嵌入式无出水口

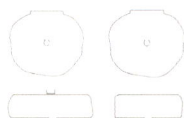

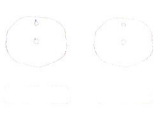

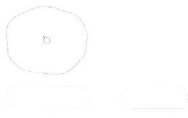

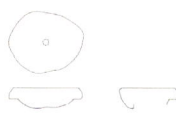

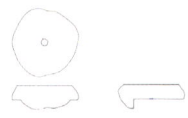

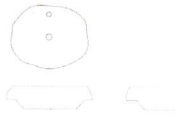

1-58B 58cm 悬挂式无出水口	2-58 58cm 放置式接出水口	3-58 58cm 放置式无出水口	4-58B 58cm 嵌入式无出水口	4-58 58cm 半嵌入式无出水口

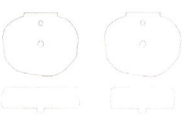

图8-21　同系列面盆设计效果图及结构图

五、建模-3D打印（图8-22）

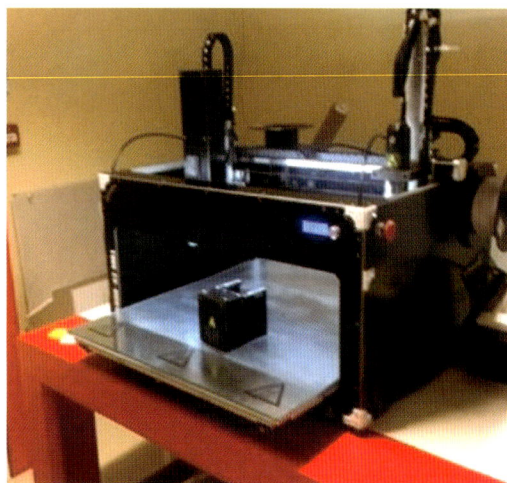

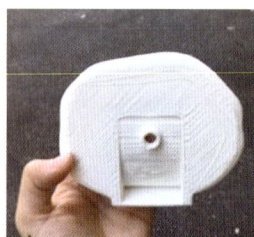

图8-22　3D打印模型图

六、云朵形面盆应用场景（图8-23）

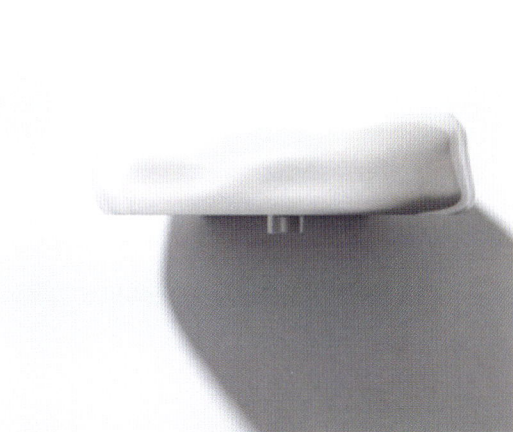

图8-23 云朵形面盆应用场景图

第3节
设计案例：智慧花园
设计者：余佳洱

这是一种模块化的智能盆栽，人们可以把盆栽摆成自己想要的效果。这种盆栽可以放在室内任何地方，既不占用空间，又能美化环境。其模块化的简单造型能与各种家装风格相吻合。其智能功能是准确检测植物的生长状态，连接手机App，协助用户培育绿色植物（图8-24）。

图8-24 智慧花园应用场景图

一、背景调研

室内种植现状

在中国，很多在都市生活的人喜欢在家里种植花果蔬菜。他们认为这是一种更健康的生活方式，在室内种植花卉和水果蔬菜逐渐成为当前的趋势。

人们在室内种植植物的过程中，可能会遇到以下问题（图8-25、图8-26）。

空间问题
· 室内空间小，不适合种植植物
· 房间里没有足够的光线
· 浇水和施肥容易污染房间

图8-25 室内种植植物的空间限制

经验问题
· 不了解植物的习性导致死亡
· 不知道养护中的预防措施
· 当植物生病时，不知道如何治疗它们
· 不知道适合植物生活的条件

图8-26 室内种植植物的经验限制

二、用户调研

调研采访了100人，而采访的主要内容是：

人们选择在室内种植的植物类型、室内种植的空间、种植绿色植物的年龄范围。

1 室内植物形式的比例

室内种植植物首先要考虑空间问题，绿色植物能够实现小面积种植，并能起到装饰和美化环境的作用。其中，桌面盆栽最受欢迎，种植需求最大（图8-27）。

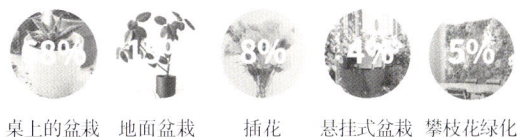

桌上的盆栽　地面盆栽　插花　悬挂式盆栽　攀枝花绿化

图8-27 室内植物形式比例图

2 室内植物面临的问题

人们在室内种植绿色植物时面临的四个主要问题是光线、面积、温度、肥料和水。

据调查，大多数植物在室内缺乏光照，其次是种植面积有限，植物易营养不足（图8-28）。

3 不同年龄对植物的认可程度

现在的年轻人和中年人对植物的喜爱程度也很高，尤其是20～39岁的人（图8-29）。

4 人们对植物的理解

第二次调查显示，大多数人并不真正了解自家植物的习性，因此他们经常在网上搜索植物的习性来了解如何更好地照顾它们。

人们需要一个好的App，来帮助了解植物的知识，以便更好地种植室内植物（图8-30）。

缺乏光照
种植区域小
缺乏合适温度
缺乏肥料和水

图8-28 室内植物形式比例图

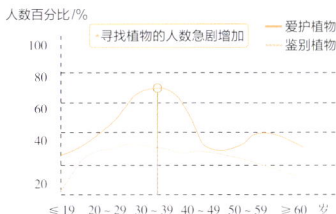

人数百分比/%
寻找植物的人数急剧增加
爱护植物
鉴别植物
≤19　20～29　30～39　40～49　50～59　≥60 岁

图8-29 不同年龄对植物的认可程度图

特别理解
一点理解
不理解

图8-30 人们对植物的了解程度

三、思维导图

1 主题讨论（图8-31）

问题&需求

外观

外观&体积

经验

图8-31 主题讨论图

2 思考（图8-32）

80%的室内植物会因为浇水过多而死亡，所以花盆的排水系统需要足够好

绿色植物的室内栽培最好采用无土栽培技术

产品如何做到不占空间又有一定的装饰功能

产品面积小，节省空间，并可改变形状，实现一物多用

图8-32 用户需求图

四、用户画像（图8-33）

李明
我爱植物，植物就像我的家人一样陪伴着我

年龄：26/工作：电信公司员工
居住地：小别墅/面积：200m²

王磊
植物可以净化空气、装饰环境。当我看到绿色植物时，我的心情会变得非常好

年龄：39/工作：Math Professor
居住地：公寓/面积：130m²

特质 ■ 因为我有几种类型的植物，而且数量很多，有时我记不住每种植物所需要的浇水和施肥的正确数值
■ 我女儿有时会不自觉地伤害植物，她会因为好玩儿摘花、浇水、有时候甚至破坏土壤

痛点 ■ 儿童无意识地破坏植物
■ 不知道给植物浇水和施肥的具体数值

目标 ■ 理解并记住每种植物的特性
■ 让孩子们了解植物的习性,学会保护植物

特质 ■ 我的家里到处都是盆栽，但我不知道如何很好地放置它们而不占用空间
■ 当家里的植物因病死亡时，我和家人往往不确定它死亡的原因

痛点 ■ 家里面积有限，摆放盆栽是个问题，不知道植物死亡的原因

目标 ■ 了解养护植物中的预防措施
■ 知道如何治疗生病的植物
■ 想要一个能适应空间变化的盆栽产品

图8-33 本产品用户画像

五、用户旅程图（图8-34）

图8-34 本产品用户画像

植物生长阶段及主要面临问题如图8-35所示。植物的整个生命过程要经过育苗期、生长期、开花期、结果期和凋谢期。在每个阶段，需要注意什么？

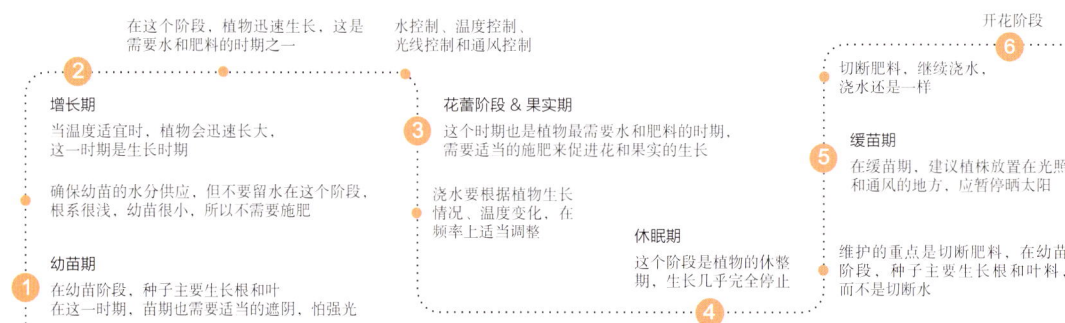

图8-35 植物生长阶段及主要面临问题图

六、产品定义

结合前面的讨论结果，针对室内植物首先应考虑空间，其次功能。产品尺寸要小，可以放在房间的任何角落，如书桌、柜子、茶几等。为人们设计一个方便、智能的产品，可以帮助人们照顾植物，美化环境（图8-36）。

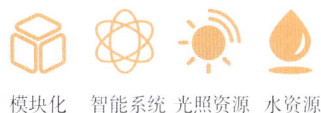

图8-36 本产品设计的主要切入点

模块化　智能系统　光照资源　水资源

七、市场调研

1 个案研究（图8-37）

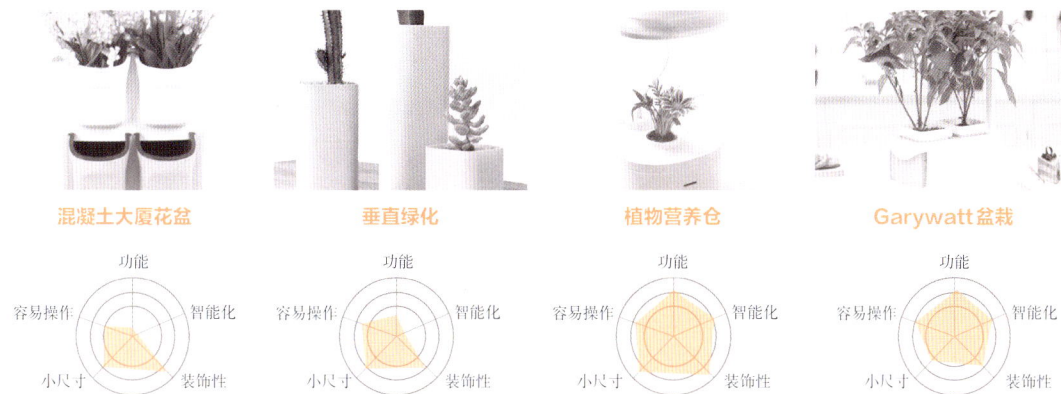

混凝土大厦花盆　　垂直绿化　　植物营养仓　　Garywatt盆栽

图8-37 个案研究图

2 产品方向（图8-38）

总结

模块化产品节省空间，保护环境

综合循环设备提供营养物质、水和光源

通过这个产品，它可以帮助人们更好地照顾和监测植物

图8-38 产品方向及总结

八、草绘图（图8-39）

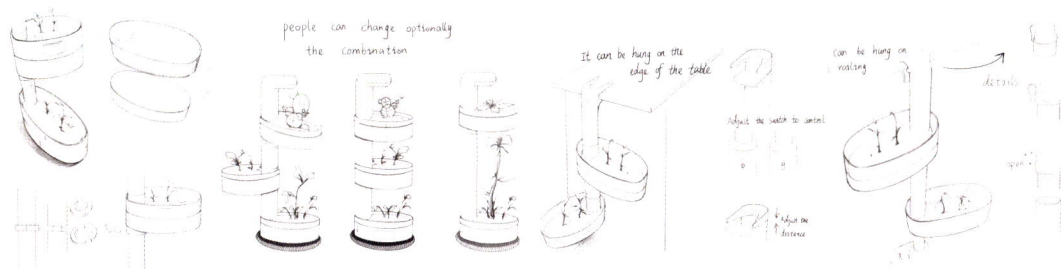

图8-39 设计草绘图

九、产品结构（图8-40）

■ 盆栽结构

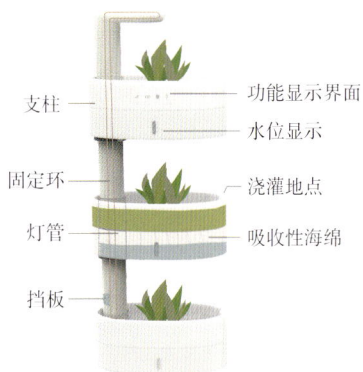

支柱 —— 功能显示界面
—— 水位显示
固定环 —— 浇灌地点
灯管 —— 吸收性海绵
挡板

■ 内部细节

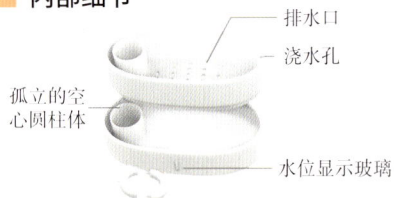

排水口
浇水孔
孤立的空心圆柱体
水位显示玻璃

1 简单造型 　照明和装饰
2 可调式夹钳 　可调整的机制
3 可调节的挂钩 　有固定的扣子

图8-40 产品结构图

十、模型及应用场景图（图8-41、图8-42）

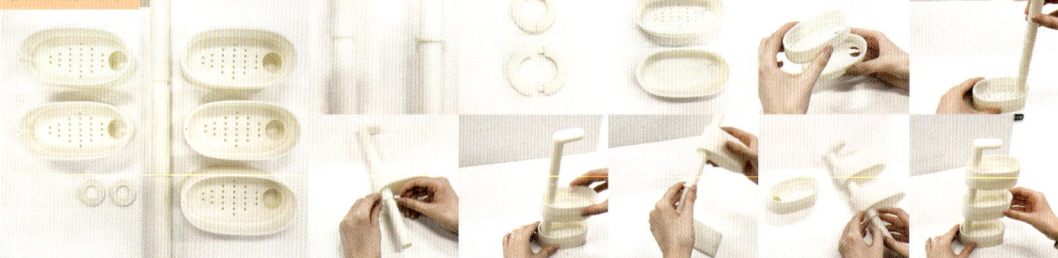

模型组装过程

最终结果

图8-41 产品模型图

场景展示

智能花园的 DIY 组合，智能花园不仅可以节省室内空间，还可以装饰室内环境，给家庭带来绿色活力

放置方式

这是智能花园的装配方法之一。可以把盆栽放在地上，随意改变方向。圆柱形的支撑柱还具有补光的功能

挂钩式

智能花园的 DIY 组合，智能还原不仅可以节省室内空间，还可以适应环境，装饰室内环境，给家庭带来绿色活力

夹板样式

夹板可以随意夹在任何平面上，不会影响人们的活动
此外，灯柱的照明方式在夜间也能起到照明的作用

图8-42　应用场景图

十一、功能需求

1　功能展示（图8-43）

| DIY组合 | 智能触摸 | 智能芯片 | 水位监测 | 绿色植物模式 | 健康花果模式 | 营养监测 | 节能装置 |

图8-43　本产品的功能展示图

2　控制按钮（图8-44）

植物登记
在相关的应用程序中表明植物已被"添加"到智能花园

设备关联
帮助用户识别他们的设备已被连接 & 当两个或多个锅被连接时

水箱检测
当水箱的水位过低时，警告灯就会亮起

光照等级
根据注册植物的需要，指出自然阳光水平不足时

图8-44　本产品的控制按钮

3 交互设计思路（图8-45）

（1）智能设备

─── 我的智能设备 ───
─── 实时数据
─── 生长报告

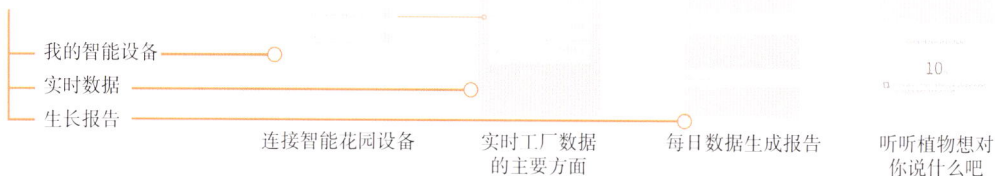

连接智能花园设备　　实时工厂数据　　每日数据生成报告　　听听植物想对
　　　　　　　　　的主要方面　　　　　　　　　　　　　你说什么吧

（2）植物日记

─── 植物数据库
─── 基本信息
─── 种类选择

植物百科全书　　你可以了解植　　备份你种植的　　你的笔记本可以记录
　　　　　　　　物的细节　　　　植物类型　　　　每个工厂的维护笔记

（3）社区

─── 分享圈
─── 类别
─── 特别主题

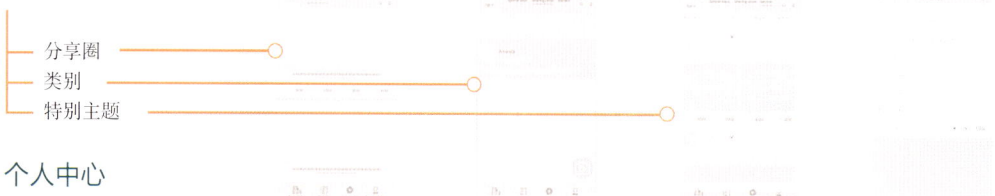

主题"植物"新闻　　体验交易广场　　有许多活动在等着你

（4）个人中心

图8-45　交互设计思路图

十二、App使用图（图8-46）

■ DIY组装

把它组装成你想要的形状，然后创建你自己的智能花园

■ 设备连接

用手机连接智能花园，可以随时监测植物动态

■ 监测生长

植物生长的所有状态都可以显示在应用程序上，以全面监测植物的生长情况

设备连接　　　选择你想连接的设备　　　监测数据的具体报告　　　植物数据的具体报告

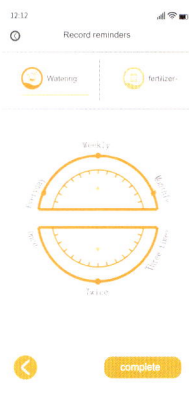

植物数据库　　　植物的信息百科　　　社区的特别科普部分　　　社区分享圈

图8-46　本产品的App使用图

第4节
设计案例：设计师交互平台
设计者：吴濬杕

本项目是对设计师在未来地位的思考，是一个设计师团队和雇主之间跨国合作的平台，使用NFT技术来保护他们作品的版权。它还提供了一个在未来元宇宙中交易数字产品的一个社区。设计师作为内容创造者，可能会在未来的元宇宙中表达他们的创造力并轻松实现它。

一、发展历程

设计师的发展历程（图8-47）

工业化大生产时期

在某些领域进行有针对性的设计创意和营销

用户研究

专业领域的整合跨学科

● **18世纪60年代**
生产和创造是分开的
生产设计需要了解材料、
工艺和机器

● **1945年后**
设计师开始关注市场的需求
市场和设计师相互启发

● **互联网时代**
增强用户体验

● **未来**
设计师需要
整合不同领域的知识

图8-47 设计师的发展历程

二、调研总结

1 设计师的年龄（图8-48）

设计师的年龄分布/岁

13~17	2%
18~25	29.4%
26~35	50.1%
36~45	10.5%
46~55	5%
56+	3%

图8-48　设计师现状分析

全世界大约有9600万名设计师，主要分布在亚洲、欧洲和北美。设计师群体一般以18~35岁的年轻人为主。

2 远程工作意愿（图8-49）

年龄/岁

18~24	22%
25~34	34%
35~44	17%
45~54	10%
55~64	5%
65+	3%

图8-49　设计师远程工作意愿比例

年轻人更愿意远程工作

3 设计师的学历（图8-50）

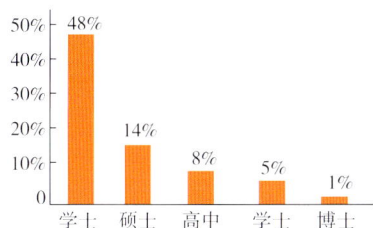

学士	硕士	高中	学士	博士
48%	14%	8%	5%	1%

图8-50　设计师的学历比例

4 设计师的薪水（图8-51）

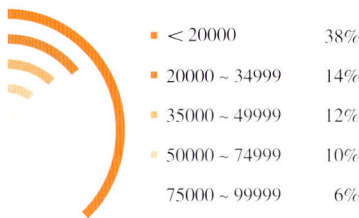

< 20000	38%
20000 ~ 34999	14%
35000 ~ 49999	12%
50000 ~ 74999	10%
75000 ~ 99999	6%

图8-51　设计师薪水比例

总结

设计师群体规模庞大，普遍年轻，受教育程度高，希望获得有竞争力的薪酬、一定程度的创意自由和灵活的工作时间。公司和员工正在走向全球化，年轻人倾向于远程工作。

三、基于POEMS的用户研究

POEMS是一种记录用户交互行为的调研工具。P代表"人"（people），即被观察者；O代表"物件"（object），指观察到的物体；E代表"环境"（environment），指被观察者所处的环境；M代表"信息"（messages），指观察过程中产生的声音、动作、情绪等信息；S代表"服务"（service），指被观察者在过程中涉及的服务。本设计亦可通过POEMS对用户进行研究（图8-52）。

被观察者	观察到的物件		观察者所在环境	
被观察者A　25岁女性	数字化仪板	手机	共用办公室	明亮、宽敞
被观察者B　32岁男性	相机	尺子	独立办公室	安静、现代
被观察者C　24岁女性	平板电脑	辐射防护眼镜	展示厅	嘈杂、不安静
被观察者D　26岁男性	头盔	充电器	建筑场地	肮脏、混乱和危险
被观察者E　28岁男性	电脑	三维扫描仪	家	自由、温暖
被观察者F　25岁男性	汽车	耳机	花园	自然、发人深省

观察过程中的信息	涉及的服务
部门之间的协调和信息的流动是至关重要的 外包大多是通过工作中的领导、朋友、同事获得的 独立获取外包服务是困难的，它需要大量的时间来筛选 期待与来自不同国家的设计师进行交流	设计订单机会 设计软件 银行——存款/汇款 在线会议平台 邮件/微信——客户交流

图8-52　设计师交互平台的POEMS研究图

1 **对雇主的问卷调查（图8-53）**

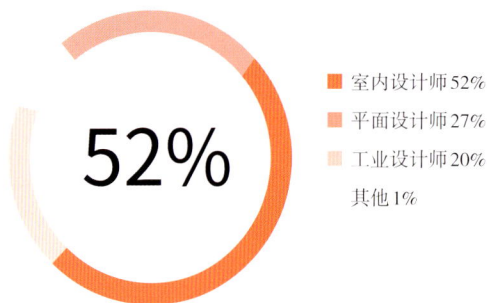

52%

■ 室内设计师52%
■ 平面设计师27%
■ 工业设计师20%
　其他1%

图8-53　雇主类型

2 **洞察**

· 雇主们重视设计师在工作和生活中的专业精神
· 设计师希望与不同领域的其他设计师交流，创造出有趣的东西
· 雇主们对与不同国家的设计师进行合作感兴趣

四、蓝海战略

蓝海战略中包括对竞争对手的分析（图8-54），对新的价值曲线的设定（图8-55）。

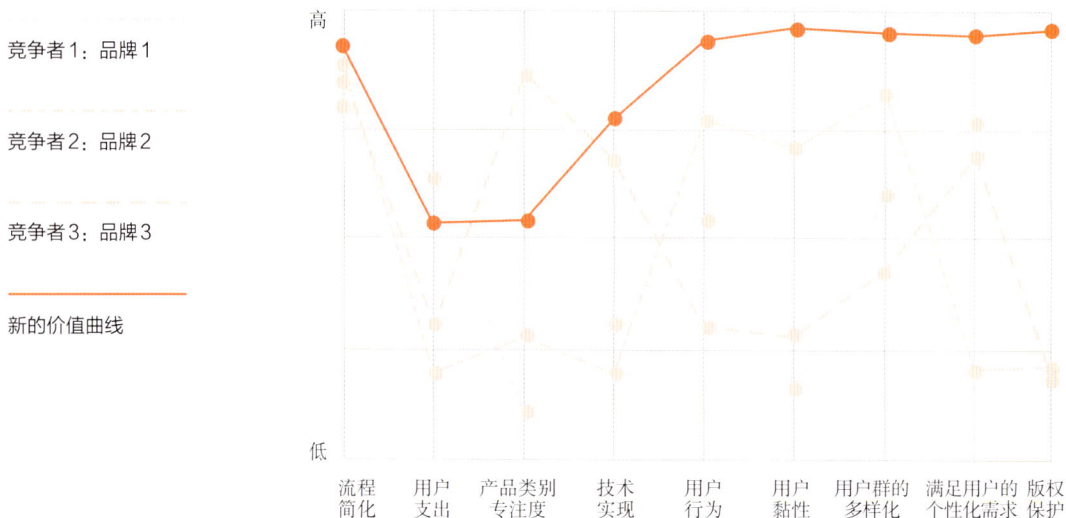

竞争者1：品牌1

竞争者2：品牌2

竞争者3：品牌3

新的价值曲线

高

低

流程简化　用户支出　产品类别专注度　技术实现　用户行为　用户黏性　用户群的多样化　满足用户的个性化需求　版权保护

图8-54　竞争对手分析图

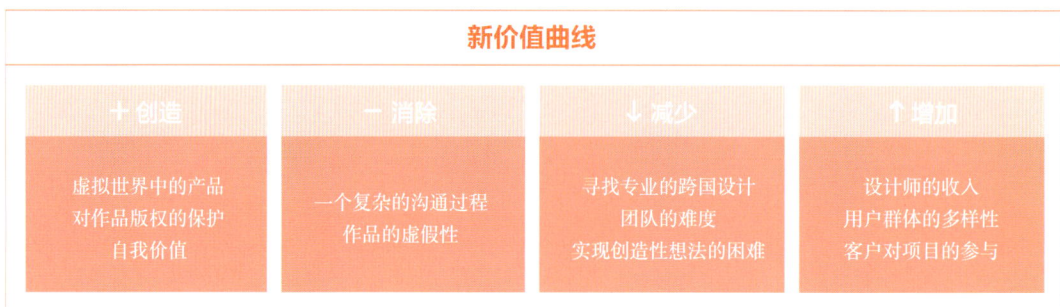

新价值曲线			
＋ 创造	－ 消除	↓ 减少	↑ 增加
虚拟世界中的产品对作品版权的保护自我价值	一个复杂的沟通过程作品的虚假性	寻找专业的跨国设计团队的难度实现创造性想法的困难	设计师的收入用户群体的多样性客户对项目的参与

图8-55　新价值曲线图

五、信息架构（图8-56）

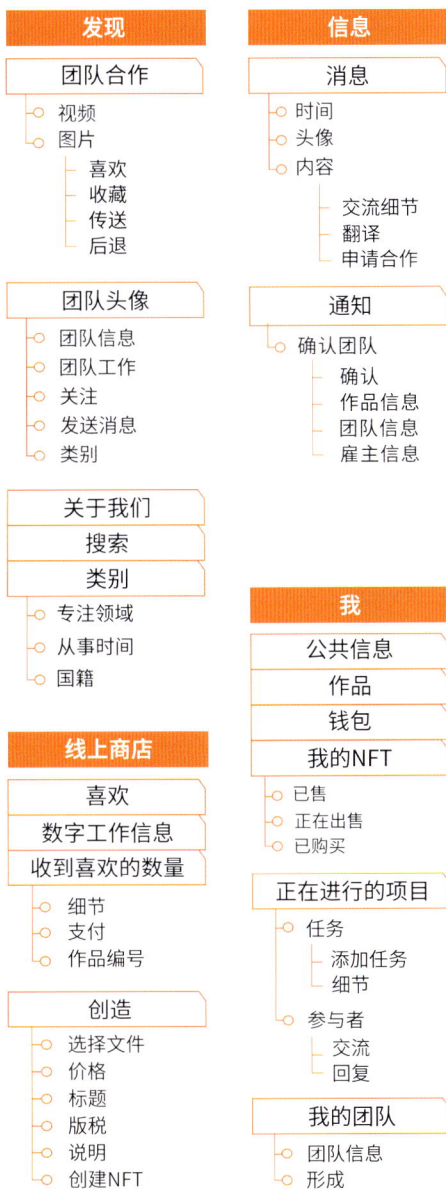

发现

团队合作

- ○ 视频
- ○ 图片
  - 喜欢
  - 收藏
  - 传送
  - 后退

团队头像

- ○ 团队信息
- ○ 团队工作
- ○ 关注
- ○ 发送消息
- ○ 类别

关于我们
搜索
类别

- ○ 专注领域
- ○ 从事时间
- ○ 国籍

线上商店
喜欢
数字工作信息
收到喜欢的数量

- ○ 细节
- ○ 支付
- ○ 作品编号

创造

- ○ 选择文件
- ○ 价格
- ○ 标题
- ○ 版税
- ○ 说明
- ○ 创建NFT

信息

消息

- ○ 时间
- ○ 头像
- ○ 内容
  - 交流细节
  - 翻译
  - 申请合作

通知

- ○ 确认团队
  - 确认
  - 作品信息
  - 团队信息
  - 雇主信息

我
公共信息
作品
钱包
我的NFT

- ○ 已售
- ○ 正在出售
- ○ 已购买

正在进行的项目

- ○ 任务
  - 添加任务
  - 细节
- ○ 参与者
  - 交流
  - 回复

我的团队

- ○ 团队信息
- ○ 形成

图8-56 信息架构图

> **结论** ▶▶
> ※ 用户认为，线上商店的界面视觉设计和设计师的作品应该与类似的应用程序相似。
> ※ 这些错误主要集中在管理正在进行的项目和我的工作上。

六、用户测试（图8-57）

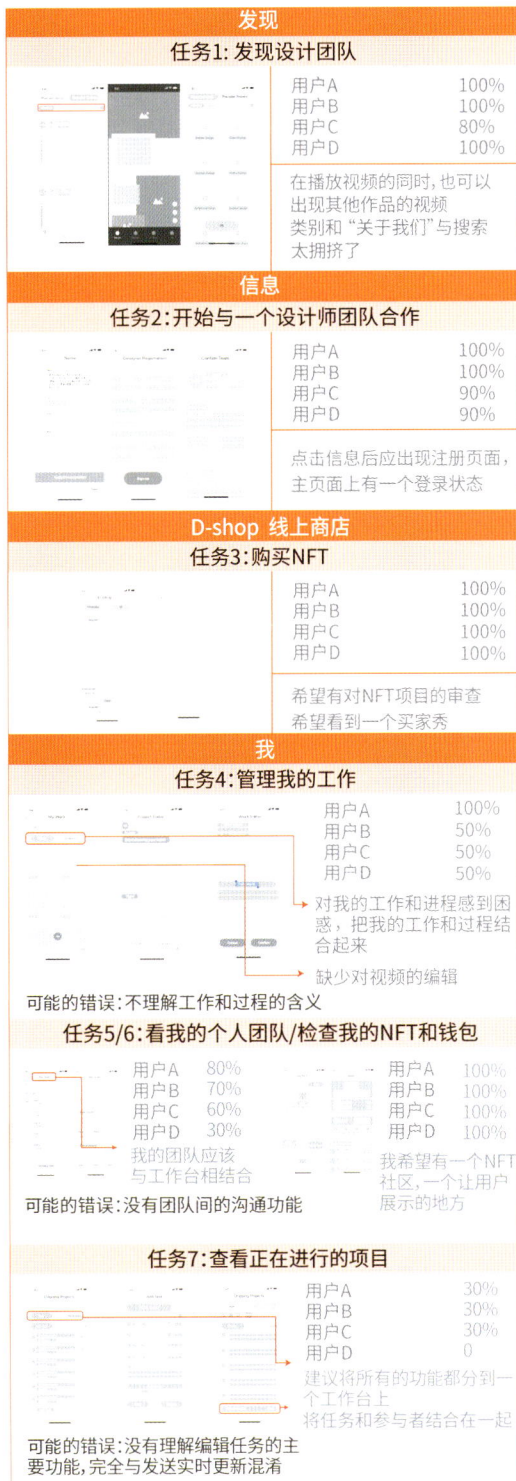

发现
任务1：发现设计团队

用户A	100%
用户B	100%
用户C	80%
用户D	100%

在播放视频的同时，也可以出现其他作品的视频
类别和"关于我们"与搜索太拥挤了

信息
任务2：开始与一个设计师团队合作

用户A	100%
用户B	100%
用户C	90%
用户D	90%

点击信息后应出现注册页面，主页面上有一个登录状态

D-shop 线上商店
任务3：购买NFT

用户A	100%
用户B	100%
用户C	100%
用户D	100%

希望有对NFT项目的审查
希望看到一个买家秀

我
任务4：管理我的工作

用户A	100%
用户B	50%
用户C	50%
用户D	50%

对我的工作和进程感到困惑，把我的工作和过程结合起来
缺少对视频的编辑

可能的错误：不理解工作和过程的含义

任务5/6：看我的个人团队/检查我的NFT和钱包

用户A	80%	用户A	100%
用户B	70%	用户B	100%
用户C	60%	用户C	100%
用户D	30%	用户D	100%

我的团队应该与工作台相结合
我希望有一个NFT社区，一个让用户展示的地方

可能的错误：没有团队间的沟通功能

任务7：查看正在进行的项目

用户A	30%
用户B	30%
用户C	30%
用户D	0

建议将所有的功能都分到一个工作台上
将任务和参与者结合在一起

可能的错误：没有理解编辑任务的主要功能，完全与发送实时更新混淆

图8-57 用户测试图

七、界面设计

根据之前的可用性测试，总结工作台中的主要问题：工作台的独立性和关于我的工作和过程的合并的重要性（图8-58）。

之前

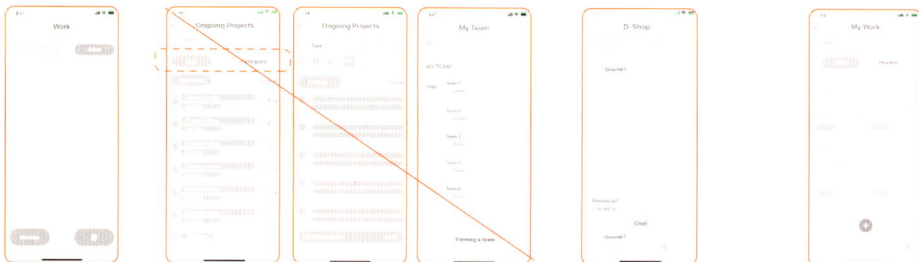

我们无法判断设计团队案例交易的成功率，用户会担心设计团队的能力

任务区和参与者区使用户感到困惑，没有明确区分设计者和雇主的身份

D-shop中加入了一个社区，用户可以在这里展示他们的NFT作品并进行讨论

不可能直接拍下工作过程的视频编辑

问题

如果没有与设计团队合作过的人的评论，用户就不会感到真实

团队成员之间缺乏沟通功能

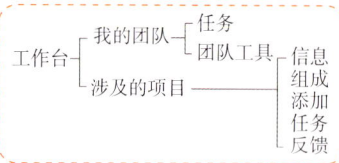

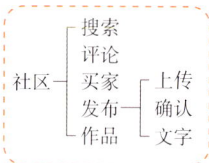

工作台 ── 我的团队 ── 任务 / 团队工具 / 涉及的项目 ── 信息组成 / 添加任务 / 反馈

社区 ── 搜索 / 评论 / 买家 / 发布 / 作品 ── 上传 / 确认 / 文字

测试人员对我的作品（图片）和工作过程（视频）的分离感到困惑

之后

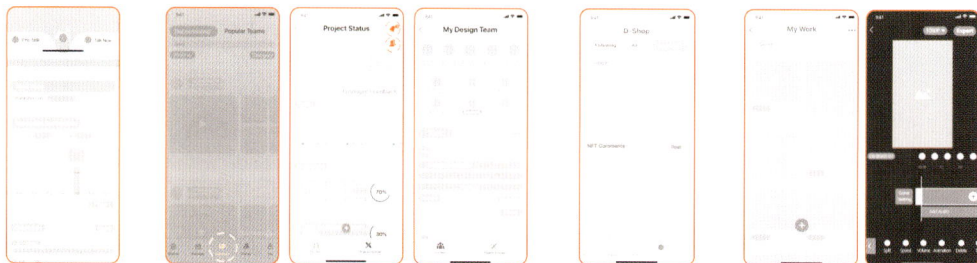

图8-58　界面设计

八、高保真设计效果图（图8-59）

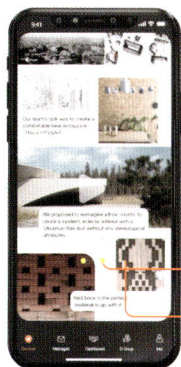

视频是由设计师团队和雇主在聊天界面中发送的信息创建的。团队可以自由编辑

每一个黄点代表设计师在这一步的灵感闪现

黑线代表设计者的思维变化

快速搜索合作中的所有信息

雇主们点击设计者的任务并发送他们的反馈意见

雇主

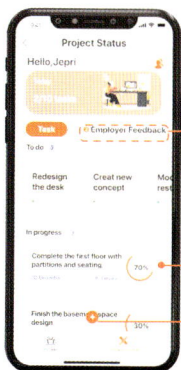

回复雇主

进行中

增加任务

设计师

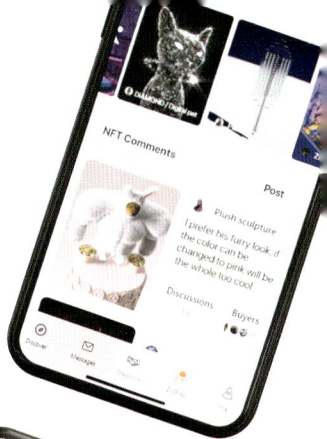

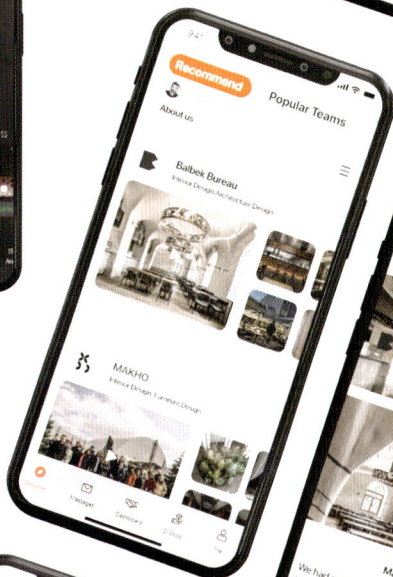

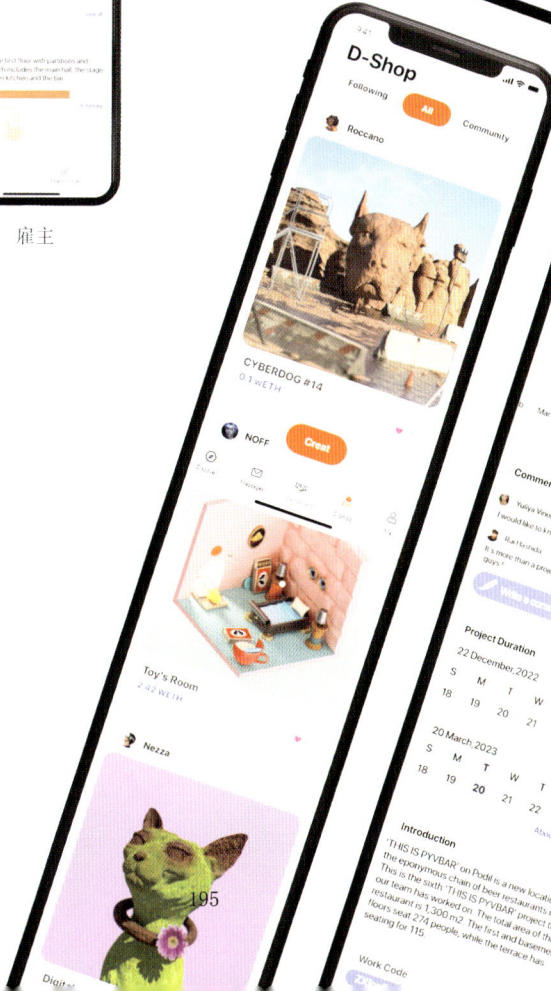

图8-59　设计师平台高保真效果图

195

💡 思考练习题

通过上述案例的欣赏，请从以下几个方面来对本章节进行系统的思考。

1. 分析案例

选择你最感兴趣的产品设计案例，分析它的成功之处和可能的不足，思考以下问题。

（1）该设计解决了什么问题？

（2）它的目标用户是谁？

（3）使用了哪些设计原则或方法？

（4）有哪些创新的元素？

（5）用户体验如何？

（6）有哪些可改进的地方？

2. 重新设计

选择一个你认为有改进空间的产品，尝试重新设计它。请考虑以下问题。

（1）你会如何改变产品的功能或外观？

（2）你的设计将如何解决现有的问题？

（3）你的设计如何更好地满足用户需求？

（4）你的设计是否可持续或环保？

3. 用户研究

假设你要设计一个全新的产品，进行用户研究以了解潜在用户的需求和偏好。请考虑以下问题。

（1）你的目标用户群体是谁？

（2）他们的需求和痛点是什么？

（3）他们目前使用什么产品来解决类似问题？

（4）他们的使用习惯和偏好是什么？

4. 竞品分析

选择几个与你的产品想法相似的竞争产品，进行竞品分析，并考虑以下问题。

（1）这些产品的优点和缺点是什么？

（2）它们在市场上的定位如何？

（3）它们的价格策略是什么？

（4）你的产品如何在市场中脱颖而出？

5. 设计原则应用

选择一个设计原则（如简约、一致性、可用性等），并思考如何将其应用于你的产品设计中。请考虑以下问题。

（1）该设计原则在你的设计中如何体现？

（2）如何确保整个产品的一致性？

（3）设计是否易于理解和使用？

6. 原型制作

基于你的思考和分析，制作一个产品原型。可以是纸上草图、数字模型或物理模型。请考虑以下问题。

（1）你的原型展示了哪些关键功能和界面元素？

（2）它是否足够清晰来传达你的设计理念？

（3）用户如何与原型互动？

7. 反馈收集

向他人展示你的设计案例或原型，并收集反馈。请考虑以下问题。

（1）用户对你的设计的初步反应是什么？

（2）他们提出了哪些建议或批评？

（3）你如何整合这些反馈来改进设计？

复习指导提纲

产品创新设计与研发课程通常涉及多个领域，包括市场研究、需求分析、设计原则、工程知识、用户体验和产品测试等。在本章节的设计案例欣赏后，需要系统地从以下方面来回顾课程内容。

1. 课程概览

（1）课程目标和学习成果。

（2）主要话题概述。

（3）教学方法和评估标准。

2. 市场研究和用户研究

（1）市场分析的方法和工具。

（2）竞争对手分析。

（3）用户画像的创建。

（4）用户需求调研技术（调查问卷、访谈、观察等）。

3. 需求分析

（1）需求收集和分类。

（2）需求优先级排序。

（3）用户旅程图和用例。

4. 设计原则

（1）设计的基本原则。

（2）人机交互原则。

（3）可持续设计原则。

5. 概念设计和原型制作

（1）创意思维技巧。

（2）草图和概念图。

（3）原型制作方法。

6. 用户体验设计

（1）用户体验的重要性。

（2）设计流程和方法。

（3）信息架构。

（4）交互设计。

（5）界面设计。

7. 产品测试

（1）测试类型（单元测试、集成测试、系统测试、用户验收测试）。

（2）可用性测试。

（3）性能测试。

（4）产品迭代和改进。

8. 项目管理

（1）敏捷和传统项目管理方法。

（2）时间线和里程碑。

（3）团队协作工具和技术。

此外，在产品设计领域，知识产权（intellectual property，IP）的重要性不容忽视。它不仅保护了创作者的权益，确保其智力劳动成果得到合理的回报，同时也是企业维护竞争优势、实现可持续发展的关键资产。本课程的学习还需要学生拓展专利、商标和版权基础知识，掌握解决产品设计中的法律、国际标准和合规性等问题的方法。

参考文献

[1] 苏博. 互联网产品设计 [M]. 2版. 北京：中国铁道出版社，2021.

[2] 张凌浩. 下一个产品：产品专题设计研究 [M]. 南京：江苏美术出版社，2008.

[3] 胡喆骞. B端的奇点：产品架构师进阶之路 [M]. 北京：电子工业出版社，2021.

[4] 顾元勋. 产品架构评估原理与方法 [M]. 北京：清华大学出版社，2019.

[5] 尹义法. 产品开发项目管理 [M]. 北京：机械工业出版社，2022.

[6] 原研哉. 设计中的设计 [M]. 朱锷，译. 济南：山东人民出版社，2006.

[7] 欧俊. 经济常识一本全 [M]. 南昌：江西美术出版社，2017.

[8] 杰西·詹姆斯·加勒特. 用户体验要素：以用户为中心的产品设计（原书第2版）[M]. 范晓燕，译. 北京：机械工业出版社，2019.

[9] 张夫也. 外国现代设计史 [M]. 北京：高等教育出版社，2009.

[10] 田自秉. 中国工艺美术史 [M]. 北京：商务印书馆，2014.

[11] 薄松年，陈少丰，张同霞，林通雁. 中国美术史教程 [M]. 西安：陕西人民美术出版社，2024.

附录　世界知名设计师及设计案例

一、乔纳森·艾夫

作为曾经的苹果公司（Apple）首席设计官，乔纳森·艾夫（Jonathan Ive，附图1）与团队创造了世界上颇受欢迎的电子产品。乔纳森·艾夫在苹果公司推出了一些最具标志性的产品，如iPhone、iPad、Mac Pro（附图2），除了曾在苹果公司工作过，乔纳森·艾夫还曾任伦敦皇家艺术学院校长。

附图1　乔纳森·艾夫

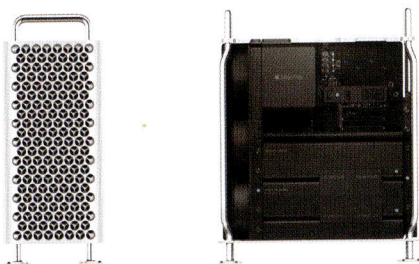

附图2　乔纳森·艾夫的设计作品Mac Pro

二、詹姆斯·戴森

詹姆斯·戴森（James Dyson，附图3）以创新而闻名，他将真空吸尘器和吹风机行业提升到一个全新的水平，创造出了无叶片空气倍增风扇（附图4）以及举世闻名的Airblade干手器等发明，为数百万人创造了有用的产品。

附图3　詹姆斯·戴森

附图4　戴森AM07风扇

三、查尔斯和雷·伊姆斯夫妇

极具冒险精神的查尔斯（Charles Eames）和雷·伊姆斯（Ray Eames）夫妇（附图5）把好奇心和无穷无尽的热情投入创作中，合力为家具设计带来了新气象，其设计的作品简约且富有现代感，趣味而兼顾功能，圆润而考究，外观精美而简洁，成为独树一帜的伊姆斯风格（附图6）。

附图5 查尔斯和雷·伊姆斯夫妇

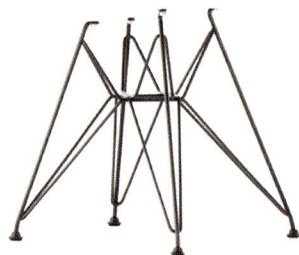

附图6 伊姆斯风格塑料椅

四、迪特·拉姆斯

迪特·拉姆斯（Dieter Rams，附图7）一直领导着世界知名的消费品公司博朗（Braun），创造出了一系列备受用户欢迎的产品，如广受欢迎的TG60音响系统（附图8），除了担任博朗的负责人外，迪特·拉姆斯一直是良好功能设计的倡导者，其编写的好设计（good design）10项准则，对任何产品设计师来说都是一个重要参考。

附图7 迪特·拉姆斯

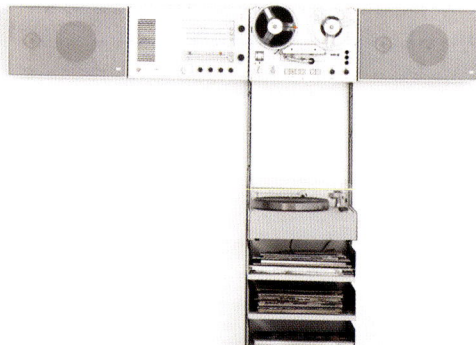

附图8 博朗TG60音响系统

五、阿切勒·卡斯蒂格利奥尼

阿切勒·卡斯蒂格利奥尼（Achile Castiglioni，附图9）是意大利设计的先驱者，也是最具影响力的设计师之一，其设计的产品种类繁多，至今仍对当代设计产生巨大影响。其作品以优雅和俏皮的灯光设计而闻名，被称为"设计的遗物"（附图10）。

附图9 阿切勒·卡斯蒂格利奥尼

附图10 拱形灯

六、马克·纽森

马克·纽森（Marc Newson，附图11）是一位屡获殊荣的设计师，曾被《时代》（*Time*）评为世界百大最具影响力人物之一，以"生物形态主义"（Biomorphism）的流线闻名于世，更拥有"为世界制造曲线之人"的称号，其作品范围从飞机、豪华游艇到家具（附图12）。马克·纽森是全球最有影响力的产品设计师之一，其作品在全球许多当代设计博物馆展出。

附图11 马克·纽森

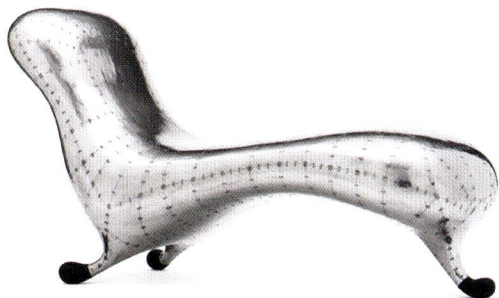

附图12 洛克希德躺椅（Lockheed Lounge）

七、阿纳·雅各布森

阿纳·雅各布森（Arne Jacobsen，附图13）被认为是20世纪最具影响力的建筑师和产品设计师之一，也是北欧的现代主义之父、"丹麦功能主义"的倡导人。阿纳·雅各布森的职业生涯中最杰出的两个代表作分别是蛋椅（附图14）和天鹅椅，其作品兼具历史性、未来性和当代性。

附图13 阿纳·雅各布森

附图14 蛋椅

八、马歇·布劳耶

马歇·布劳耶（Marcel Breuer，附图15）是现代设计运动的拥护者，是真正的功能主义和现代设计的先驱，其因在建筑和家具方面的成就而闻名。马歇·布劳耶的作品风格严谨，功能组织简洁，细部简明完整，注意利用材料的对比，有明确的特征和统一性。他巧妙地在自然关系中处理木、石等材料，形成产品独特的风格，其中瓦西里椅（Vassili Chair）是其代表作之一（附图16）。

附图15 马歇·布劳耶

附图16 瓦西里椅

九、乔盖托·朱贾罗

在塑造现代汽车方面，很少有其他设计师能够拥有像乔盖托·朱贾罗（Giorgetto Giugiaro，附图17）那样的影响力。在职业生涯中，乔盖托·朱贾罗设计了一些历史上相当成功和极具影响力的汽车（附图18），从独一无二的异国情调到大众市场的多功能车，为世界各地的制造商设计了200多辆汽车，共有超过6000万辆汽车上路。此外，乔盖托·朱贾罗作为产品设计师的职业生涯远远超出了汽车行业，范围涵盖摄影相机、椅子，甚至意大利面设计。

附图17 乔盖托·朱贾罗

附图18 德罗宁DMC-12汽车

十、菲利普·斯塔克

菲利普·斯塔克（Philippe Starck）是民主设计的倡导者和标志性的产品设计师（附图19），其作品跨越不同学科。菲利普·斯塔克集设计师、流行明星、发明家于一身，是世界上久负盛名的设计师，其代表作品外星人（Alessi）榨汁机（附图20）在全球备受瞩目。

附图19 菲利普·斯塔克

附图20 外星人榨汁机

十一、陈幼坚

陈幼坚（附图21），1950年生于中国香港，其热爱中国传统文化，在设计实践中将东西方文化合理地融合（附图22）。他的设计作品既有传统神韵，又颇具时髦特质，曾荣获中国香港乃至国际奖项400多个。1997年，陈幼坚设计的海报及艺术挂钟被美国旧金山现代美术博物馆纳为永久收藏品，2002年，陈幼坚在日本举办的个展"东情西韵"在设计业界引起轰动。

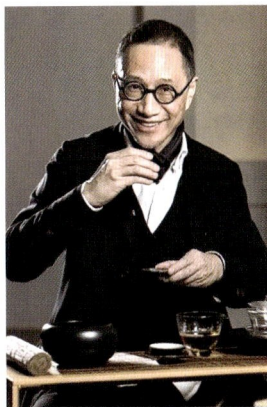

附图21 陈幼坚

附图22 陈幼坚产品设计

后 记

2015年5月，国务院印发《中国制造2025》，并部署相关重大发展战略，尤其关注先进制造、数字化、智能化领域。当前我国制造业飞速发展，形成了门类齐全、独立完整的产业体系，有力地推动着工业化和现代化的进程，但是与世界先进水平相比，我国制造业仍然处于大而不强、劳动密集型阶段，尤其在自主创新能力、资源利用效率、产业结构水平、信息化程度、质量效益方面差距明显，在跨越发展和创新升级上面临着艰巨而紧迫的任务。当前，我国传统设计教育专业发展不断迭代细分，但是设计人才培养逐渐出现重理论轻实践、重手绘表达轻设计思维的现象，这与国家急需高端设计人才以满足发展需求的背景产生了矛盾，而这种矛盾必然催生一轮新的产品研发与创新设计人才培养模式的更新。

《产品研发与创新设计》系统整合了产品设计全流程的学习内容，包括产品研发与创新设计概论、产品研发与创新设计的流程与规划、用户研究、产品规格、概念的生成与表达、产品架构与原型化、产品研发与创新设计项目管理和经济性分析、设计案例赏析，尤其重视和扩展了用户需求的获取与运用以及产品研发后期的项目管理与经济性分析板块内容，通过学习，学生不仅可以成为设计师，也可以成为设计项目的管理者。

《产品研发与创新设计》收录了四川师范大学服装与设计艺术学院产品设计（中外合作办学）专业多名学生的设计作品，参与本书设计作品及图例绘制的学生分别是薛涪丹（四川师范大学学士，西北大学硕士在读）、边敬楠（四川师范大学学士，英国南安普顿大学硕士，英国南安普顿大学博士在读）、吴濬杕（四川师范大学学士，米兰理工大学硕士在读）、余佳洱（四川师范大学学士，英国拉夫堡大学硕士）、刘珈圻（四川师范大学学士，浙江工业大学硕士在读）、徐茂钞（四川师范大学学士，华南农业大学硕士在读），在此对本书撰写工作中给予帮助的同仁和同学们表示真诚感谢！最后，恳请学界同仁提出宝贵的建议与意见。

编者
2025年2月